"金字塔原理"
现实应用版

用金字塔原理
打通思考和表达

说话的
逻辑

韦良军 ——

著

中国原子能出版社　中国科学技术出版社
·北京·

图书在版编目（CIP）数据

说话的逻辑：用金字塔原理打通思考和表达 / 韦良军著. — 北京：中国原子能出版社：中国科学技术出版社，2023.9

ISBN 978-7-5221-2915-0

Ⅰ. ①说… Ⅱ. ①韦… Ⅲ. ①语言表达—通俗读物②逻辑学—通俗读物 Ⅳ. ① H0-49 ② B81-49

中国国家版本馆 CIP 数据核字（2023）第 161590 号

策划编辑	何英娇	
特约编辑	史　娜	
责任编辑	付　凯	
文字编辑	安莎莎	
封面设计	仙境设计	
版式设计	蚂蚁设计	
责任校对	冯莲凤　邓雪梅	
责任印制	赵　明　李晓霖	

出　　版	中国原子能出版社　中国科学技术出版社	
发　　行	中国原子能出版社　中国科学技术出版社有限公司发行部	
地　　址	北京市海淀区中关村南大街 16 号	
邮　　编	100081	
发行电话	010-62173865	
传　　真	010-62173081	
网　　址	http://www.cspbooks.com.cn	

开　　本	880mm×1230mm　1/32	
字　　数	157 千字	
印　　张	8.625	
版　　次	2023 年 9 月第 1 版	
印　　次	2023 年 9 月第 1 次印刷	
印　　刷	北京华联印刷有限公司	
书　　号	ISBN 978-7-5221-2915-0	
定　　价	69.00 元	

说话不经思考、脱口而出，说完之后暗悔不迭；

想到哪说到哪，思路杂乱无章，对方听得一头雾水；

复杂的事情说不清楚，关键的问题说不到关键点上；

双方观点产生分歧时，自说自话，无法说服对方；

煞费苦心制作的市场推广方案，领导或客户却只给 5 分钟进行阐述；

……

很多人在工作和生活中都会遇到上述场景，那么，我们应该如何表达才能避免遇到这些尴尬的处境呢？本书将基于这些问题进行阐述，旨在帮助读者建立更敏捷的思维模式，能更清晰、简练、有重点地表达，进行更有吸引力、冲击力的演示呈现。

全书共分为 7 章。

第 1 章介绍了有逻辑地表达的理论基础——金字塔原理的核心思想，通过图文结合的方式介绍了金字塔原理中有助于有逻辑地表达的 4 个基本特征、TOPS 原则、2 个推理、MECE 原则、3 种子结构以及 SCQA 法则，从理论层面帮助读者理解有逻辑地表达的思考方式和思考逻辑。

第 2 章通过 5 个步骤——定主题、分层次、选顺序、搭框架、填内容，帮助读者掌握搭建金字塔结构的技巧，为读者在实际场景中应用金字塔结构进行有逻辑地表达提供行动指南。

第 3 章介绍了在沟通中如何应用金字塔原理实现有逻辑地表达，重点针对说服他人、赞美或表扬他人、批评他人、拒绝他人、有效提问、与不同性格的人沟通等具体场景中会发生的问题提供了解决方案。

第 4 章介绍了在演讲中如何应用金字塔原理实现有逻辑地表达，重点针对工作汇报、媒体发言、行政发言、临场发言、应对刁钻的问题等具体场景中会发生的问题提供了解决方案。

第 5 章介绍了在写作中如何应用金字塔原理实现有逻辑地表达，重点针对工作计划、工作总结、述职报告、营销方案、分析与解决问题的报告、职场沟通的邮件等具体场景中会发生的问题提供了解决方案。

第 6 章介绍了在演示时如何应用金字塔原理实现有逻辑地表达，重点针对企业宣传、产品宣传、产品说明、工作汇报、个人演讲等具体场景中会发生的问题提供了解决方案。

第 7 章介绍了在项目路演和招商时如何应用金字塔原理实现有逻辑地表达，重点针对撰写项目招商方案、设计招商路演思路、项目招商路演的演示、指导政府精准招商、政府招商会上的项目推介等具体场景中会发生的问题提供了解决方案。

本书以金字塔原理的核心理论为基础，围绕有逻辑地表达这条主线，突出实践指导意义，同时结合大量真实案例和图表，力争让读者在所有场合下都能实现有逻辑地表达。

目 录

第1章 金字塔原理的核心思想   001

1. 为什么要使用金字塔原理   003
2. 从金字塔原理到结构化思维   010
3. 金字塔原理的 4 个基本特征   013
4. 金字塔原理的 TOPS 原则   017
5. 金字塔原理的 2 个推理   023
6. 金字塔原理的 MECE 原则   028
7. 金字塔中的 3 种子结构   031
8. 金字塔中序言的 SCQA 法则   038

第2章 如何搭建金字塔结构   045

1. 定主题：有且只有一个中心思想   047
2. 分层次：结论先行、以上统下   053
3. 选顺序：分类清楚、逻辑递进   057
4. 搭框架：时间、结构、程度   061
5. 填内容：事实、数据、故事   068

第3章 金字塔原理在沟通中的应用   075

1. 结构化思维在沟通中的作用   077
2. 有效沟通的 3 个要点   082

3. 运用金字塔原理沟通的步骤   089

4. 如何有效说服他人   095

5. 如何赞美、表扬他人   100

6. 如何批评他人   104

7. 如何拒绝他人   110

8. 如何进行有效提问   112

9. 如何与不同性格的人沟通   117

第 **4** 章　金字塔原理在演讲中的应用   **123**

1. "3C 原则"：演讲、发言前的准备工作   125

2. POP 结构：情况、选择、建议   129

3. PREP 结构：观点、理由、举例、观点   133

4. 如何做好工作汇报   137

5. 如何面对媒体发言   142

6. 如何做好行政发言   147

7. 如何应对临场发言   150

8. 如何应对刁钻的问题   152

第 **5** 章　金字塔原理在写作中的应用   **157**

1. 写作语言表达的 4 个原则   159

2. 运用金字塔原理指导写作的 4 个步骤   165

3. 写作中常见的序言结构   168

4. 如何写工作计划   173

5. 如何写工作总结   178

6. 如何写述职报告 183

7. 如何写营销方案 188

8. 如何写分析与解决问题的报告 193

9. 如何写职场沟通的邮件 200

第 6 章　金字塔原理在演示中的应用　207

1. 演示的两种形式：PPT 与短视频 209

2. 设计演示的基本原则 213

3. 结构化演示的 5 个步骤 218

4. 如何在演示中呈现金字塔结构 223

5. 如何做企业宣传的演示 225

6. 如何做产品宣传的演示 232

7. 如何做产品说明的演示 237

8. 如何做工作汇报的演示 240

9. 如何做个人演讲的演示 242

第 7 章　金字塔原理在项目路演和招商中的应用　245

1. 如何撰写项目招商方案 247

2. 如何应用金字塔原理设计招商路演思路 253

3. 如何做项目招商路演的演示 255

4. 如何应用金字塔原理指导政府精准招商 258

5. 如何做好政府招商会上的项目推介 260

第 **1** 章

金字塔原理的
核心思想

CHAPTER 1

无论是写作、演示还是演讲，我们都希望能清楚地思考、清晰地表达并被对方接收和理解。要达到这个目的，我们可以借助金字塔原理这个工具。利用金字塔原理，能够帮助我们清晰地思考与表达，掌握了金字塔原理的核心思想，我们就能够在写作、演示或演讲的时候做到重点突出、逻辑清晰。

1. 为什么要使用金字塔原理

　　做任何事情之前我们一定要先弄清楚做这件事情的目的，这样才能有方向、有动力去做好这件事。同样，要想运用金字塔原理实现有效表达，我们首先要认真思考"为什么要使用金字塔原理"这个问题。

　　金字塔原理最早是由知名管理公司麦肯锡咨询公司的咨询师芭芭拉·明托（Barbara Minto）于 1967 年提出，其基本结构是"中心思想明确，结论先行，以上统下，归类分组，逻辑递进；先重要后次要，先全局后细节，先结论后原因，先结果后过程"，旨在帮助人们掌握撰写文章、报告、演示文稿的技巧。明托曾为欧洲、亚洲等地众多企业及知名院校讲授金字塔原理，并结合自己的经验出版了《金字塔原理》（*The Minto Pyramid Principle Logic in Writing Thinking*）一书，畅销50多年，成为世界知名企业和院校的经典培训教材。这种影响力验证了某位知名社会心理学家对金字塔原理的评价——"没有什么比一套好理论更有用了"。

金字塔原理是一种重点突出、逻辑清晰、层次分明、简单易懂的思考方式和沟通方式，其结构如图1-1所示。

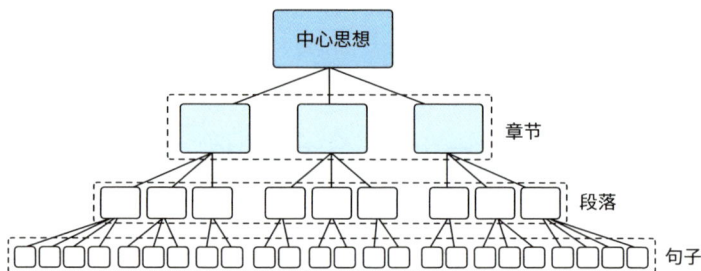

图1-1　金字塔结构

为什么要使用金字塔原理呢？主要原因有以下两点。

（1）便于理解和记忆

人的大脑具有一种本能，为了便于理解和记忆某些事物，大脑会自发将发现的事物以某种秩序组织起来，形成金字塔结构。大脑会将其认为具有相似性、共同点或相近的事物组织在一起，概括来说就是将具有共性的事物组织在一起。我们来看一组例子，如图 1-2 所示。

图 1-2　共性的例子

我们在看到图 1-2 时，大脑会认为图中一共有两组星星，每一组有 3 个。这是因为有些星星之间的距离比较近，有些星星之间的距离比较远，大脑会自发地将距离近的归为一组。

为了进一步了解并确认大脑的这种本能，我们再来看一个工作中的例子。

> 打印机　钢笔　　签字笔
>
> 记号笔　碎纸机　复印机

我们看到以上几个词后，大脑会自发将"钢笔""签字笔""记号笔"归为一组，将"打印机""碎纸机""复印机"归为一组。

实际上，大脑的本能还不止于此。知名心理学家乔治·A. 米勒（George A. Mille）在其论文《奇妙的数字 7±2》

（*The Magical Number Seven, Plus or Minus Two*）中提出了"奇妙的数字7"，米勒认为人的大脑在短时间内无法同时处理7件以上的记忆项目。当大脑发现需要处理的信息超过7个，甚至超过4个或5个时，就会开始对这些信息进行归类处理，并概括其共性。

例如，采购部主管要求采购员去采购以下物品：

打印机	钢笔	签字笔
记号笔	碎纸机	复印纸
传真纸	打印纸	复印机

如果不借助备忘工具，采购人员很可能在路上就忘记了主管交代采购的物品。但是，如果采购员将需要购买的物品按性质划分为不同的类别，如图1-3所示，记住这些物品就会变得很容易。

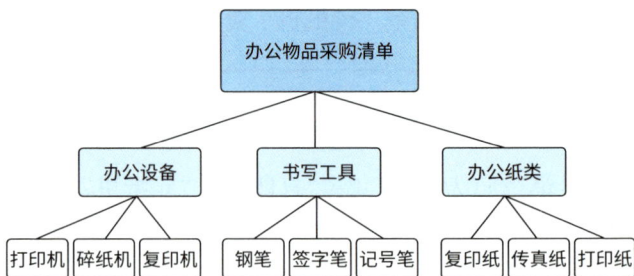

图1-3　有逻辑关系的金字塔结构

采购员原本需要记忆 9 组信息，现在只需要记住 3 组即可。这样分类之后，信息不仅会更加清晰，而且上一层次的思想总是能够提示下一层次的思想，如想到"办公设备"就会自然联想到"打印机""碎纸机""复印机"，因此更容易记住。

大脑之所以会自发将所看到的信息进行归类分组并总结其共性，是因为这样更容易理解和记忆信息。人们在阅读文章或者听讲时，大脑也会按照某种逻辑模式组织思想。这种模式形成的也是金字塔结构。所以，**使用金字塔原理的首要原因是这种逻辑模式更加符合人们的思维习惯，便于人们理解和记忆信息。**

（2）逻辑清晰、条理分明

不论是一篇优质的文章、一个好的演示稿，还是一场精彩的演讲，都一定是逻辑清晰、条理分明的。**金字塔原理的核心思想之一就是每组中的思想必定是按照某种逻辑顺序组织的，使文章内容逻辑清晰、条理分明。**

写作者要写出一篇逻辑清晰且条理分明的文章、演示稿或演讲稿，除了要按照一定的逻辑顺序组织思想，还要自上而下地表达，即先提出总结性思想，再提出具体思想。这也是金字塔原理的核心思想之一，是清晰的逻辑顺序的特征。

通常情况下，人们的大脑只能逐字逐句地理解写作者或演讲者表达的思想，然后大脑会自发将同时出现的思想按照一定的逻辑联系起来，以便了解写作者或演讲者想要表达的意思。但是人们的理解能力是不同的，也就是说他们对信息的理解未必正确，或者说他们理解的意思未必是写作者或演讲者想要表达的意思。即便他们理解的是正确的，但先对大篇幅的论述进行理解再总结观点的思考方式也会降低他们阅读、聆听的体验。为此，表达者应当预先告知读者或听众某一组思想之间的逻辑关系，即"结论先行"。

事实表明，相较于"自上而下表达，结论先行"的表达顺序，其他表达顺序造成误解的可能性都较大。

例如，领导和人力资源部门主管说：

> "上次在网上看到 A 公司举办的团建活动非常有趣，从宣传图看，他们的员工都非常积极、兴奋，可以看出他们的团队凝聚力非常强。"

听完这段话后，人力资源部门主管会推测领导说这段话的原因。他可能会推测："领导这么说是觉得这种团建活动有趣？""领导是想借鉴这种方法在我们公司也举办团建活动？""领导自己想玩这样的团建游戏？"，无论是哪一种推测，人力资源部门主管都在等待领导接下来的表述，以确认自己的想法。

接着，领导说：

> "前几天我在朋友圈看到 B 公司举办了另一种形式的团建活动……我发现员工都很喜欢这种活动啊。"

这个时候人力资源部门主管仍然不明白领导想表达什么。"领导更喜欢 B 公司举办的团建活动？"还是"领导认为团建活动可以激发员工的积极性？"这个时候，人力资源部门主管仍然在等领导接下来说的话。领导接着说：

> "我之前了解到，C 公司也经常举办团建活动，每次团建活动结束之后员工的凝聚力都会增强。"

这个时候，人力资源部门主管的理解可能就是"C 公司的团建活动更有价值了"。人力资源部门主管的理解在逻辑上完全合理，但是这并不是领导真正想表达的意思。实际上，领导想表达的意思是：

> 团建活动已经成为各大企业调动员工积极性，增强员工凝聚力的策略之一，所以：

A 公司举办的团建活动很有趣……

B 公司举办了另一种形式的团建活动……

C 公司也经常举办团建活动……

一旦预先交代各组思想之间的逻辑关系，读者或听众就会按照表达者给出的结构和逻辑关系去接收、理解信息，这样不但可以使信息传递效率更高，读者或听众的体验感也更好。这就是金字塔原理"自上而下表达，结论先行"的魅力所在。

综上所述，在文章、演示稿或演讲稿中运用金字塔原理，可以使表达更逻辑清晰、条理分明，使读者或听众更容易理解和记忆信息，并且提升读者或听众的体验感。所以，表达者要想写出优质的文章、好的演示稿、精彩的演讲稿，就要学习并掌握金字塔原理。

2. 从金字塔原理到结构化思维

金字塔原理的基本结构是中心思想明确，结论先行、以上统下、归类分组、逻辑递进。金字塔的基本结构就是金字塔原理的核心，我们在写作、演讲时只要能够搭建出结构完整、逻辑清晰的金字塔结构，基本就成功了一半。搭建金字塔结构采用的思维模式是结构化思维。

结构化思维也被称为"框架思维",指从整体到局部的层次分明的思考方式。简单地说,就是借用一些思维框架来辅助思考,将碎片化的信息进行系统化的思考和处理,从而扩大思维的层次,使思考更加全面。

非结构化思维是碎片化的、零散的、无条理的想法的集合,而结构化思维是一条逻辑清晰、层次分明的思考路径,如图 1-4 所示。

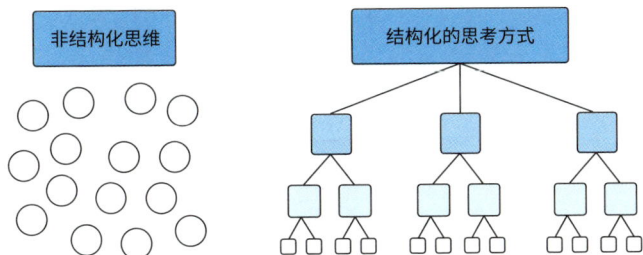

图 1-4　非结构化思维与结构化思维

为了进一步了解结构化思维,下面举个例子。

将新员工入职培训内容中分组前与分组后的信息进行对比,如图 1-5 所示,我们可以发现,分组后的信息比分组前的多了一个层次,即对原来的信息进行了归类分组,从而让整体信息更加有条理和逻辑,便于人们理解和记忆。这就是结构化思维的作用。

深入研究后我们会发现,结构化思维的本质就是金字塔原理，即先明确主题（结论先行），再归类分组并按照一定的逻辑对信息进行排序表达（自上而下表达）。所以，理解结构化思维将有助于我们掌握金字塔原理。

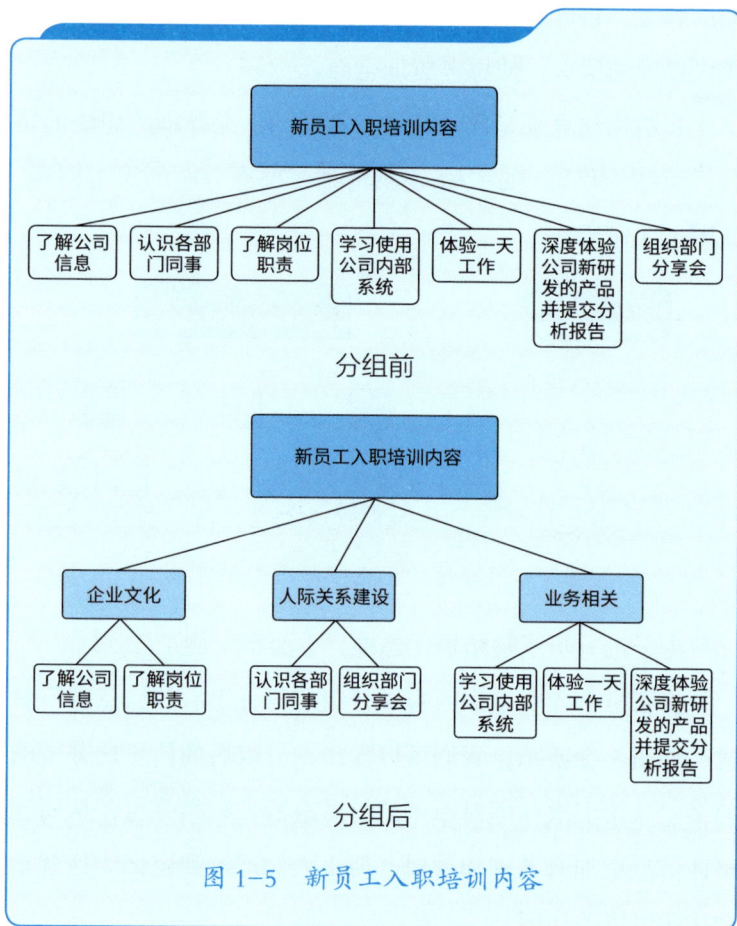

图 1-5　新员工入职培训内容

3. 金字塔原理的 4 个基本特征

金字塔原理其实并不复杂，掌握它的 4 个基本特征就等于掌握了金字塔原理的精髓，就可以极大地提升我们的结构化思考能力和逻辑表达能力，帮助我们实现高效且准确地思考、表达与演示呈现。金字塔原理的 4 个基本特征分别为：结论先行、以上统下、分类清楚、逻辑递进，如图 1-6 所示。

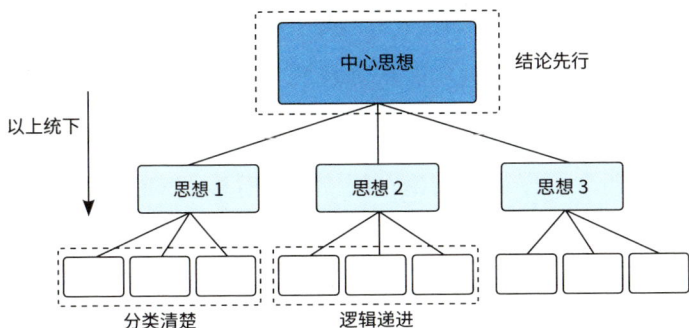

图 1-6　金字塔原理的 4 个基本特征

（1）结论先行

写出条理清晰的文章、实现有效表达与演示呈现的关键是厘清表达的顺序，这就需要遵循金字塔原理的第一个特征——结论先行，即**先提出总结性思想、再提出被总结的具体思想**。

为什么要结论先行？因为读者或听众的大脑一般都是逐

字逐句地理解写作者或演讲者表达的思想的。如果写作者或演讲者没有提前告诉读者或听众这些思想之间的逻辑关系，而只是一句句地表达思想，那么读者或听众便会自发从这些思想中寻找共同点，将自己接收到的信息进行归类总结，以便了解每一组思想的意义。但是读者或听众的理解能力存在差别，他们理解的思想未必就是写作者或演讲者要表达的思想，而且他们需要自己对接收到的信息进行理解并建立逻辑关系，这显然增加了他们阅读或聆听的难度。

为了让读者或听众能正确理解写作者或演讲者表达的思想，写作者或演讲者一开始就应该开门见山地抛出结论，让读者或听众可以带着结论去阅读或聆听接下来的内容，这是非常有效的办法。

（2）以上统下

以上统下是指搭建文章的金字塔框架必须符合**"文章中任意一个层次的思想必须是对其下一层次思想的总结和概括"**的规则。

读者或听众在阅读或听讲的时候，其大脑会不断地提出问题，接收第一个层次的思想后，大脑会问："为什么这么说？""为什么会提出这样的观点？"这个时候，第二个层次的思想就必须是对第一个层次的思想的解释，即回答读者或听众的疑问，否则会令读者或听众的大脑混乱，难以理解写作者或演讲者想要表达的思想。总结来说，**金字塔原理要求文章中每一个层次的思想都必须是对下一层次思想的总结和概括，下一层次的思想是对上一层次的思想的解释和支撑。**

"以上统下"在实际的文章框架中更好理解，我们来看图 1-7 中的文章金字塔结构图。如图 1-7 所示，文章的中心思想是对各个章节的总结和概括，章节的主题是对各个段落核心观点的概括，段落的核心观点则是对各个句子思想的概括，这样就形成了一个以上统下的金字塔结构。以上统下的金字塔结构更加符合读者或听众的思维习惯，利于写作者或演讲者向读者或听众清楚地传达思想，也利于读者或听众理解信息。所以，金字塔原理强调写作或表达的思想层次必须做到以上统下。

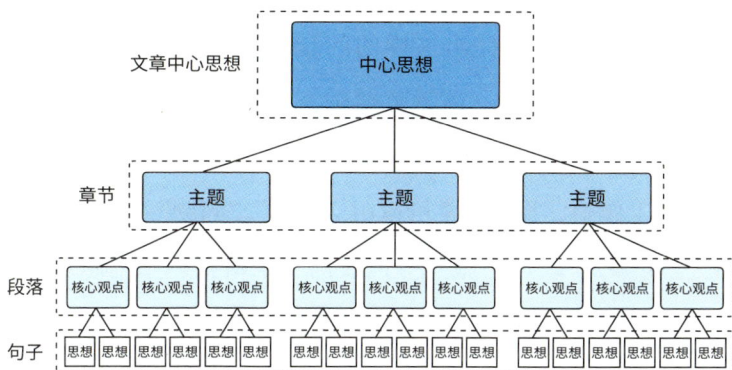

图 1-7　文章金字塔结构图

（3）分类清楚

如果我们要对一组句子、一组段落或一组章节概括出一个主题，那么我们首先必须确保这一组信息是经过处理的。换句话说，每一组信息必须是经过归类分组且必须在逻辑上具有共同点。这就是金字塔原理的特征之一——**分类清楚，即每组思想必须属于同一逻辑范畴。**

"每组思想属于同一逻辑范畴"的意思很好理解，即如果某组思想中的第一个思想是做某件事的原因，那么该组的其他思想必须是做这件事的其他原因；如果某组思想中的第一个思想是做某件事的一个步骤，那么该组的其他思想必须是做这件事的其他步骤；如果某组思想中的第一个思想是某项工作中面临的某一个问题，那么该组的其他思想必须是同一项工作中面临的其他问题。

表达者可能会提出这样的问题："如何确定分组清楚，每组思想都属于同一逻辑范畴呢？"这个问题的答案很简单，就是看我们是否能用一个词或词组来概括该组的所有思想。在工作中，我们通常可以用"建议""问题""原因""流程""步骤""改进措施"等词或词组来概括一个"思想组"的所有思想。当然，"思想组"的种类是没有限制的，不同的思想可以用不同的词或词组概括，但可以确定的是分组清楚的思想都可以且只能用一个词或词组概括。换句话说，如果不能用一个词或词组来概括该组思想，那么表达者就要反思自己的分组是否清楚，思想是否属于同一逻辑范畴。

（4）逻辑递进

逻辑递进是指每组的思想必须按照一定的逻辑顺序进行组织，所有的内容都必须符合既定逻辑。所谓的符合既定逻辑，是指我们必须有充分的理由告诉读者或听众为什么将第一组思想放在第一位。

我们已经将思想分组，并用"问题"之类的词或词组概括这组思想的共性，但是这样做还不够，我们还要将这些思想按照时间、空间等逻辑顺序进行排序。排序之后，我们不但可以检验这些思想是否属于同一逻辑范畴，还可以检查出是否遗漏了其他相关信息。

了解以上 4 个基本特征有助于我们理解金字塔结构的底层逻辑，让我们在表达时即使没有非常全面的信息资源，没有进行全面的分析，也可以快速构建一个完整的金字塔结构，提高表达的成功率。

4. 金字塔原理的 TOPS 原则

金字塔原理的 TOPS 原则是在搭建金字塔结构时需要遵循的核心原则，具体内容如图 1-8 所示。

图 1-8　金字塔原理的 TOPS 原则

（1）有的放矢

有的放矢是指在写作或演讲之前要找准对象、确定目标，这样才能站在对方的立场上，表达对方想读、想听且容易被对方理解和接收的内容。

> 因为学习金字塔原理解读课程的是不太了解金字塔原理的人，所以该课程的内容应该是金字塔原理的基本概念和结构，而不是一开始就直接介绍如何用金字塔结构设计演示文稿。

如果写作或演讲没有明确的受众，那么即便文章或演讲的内容再有价值，也很难被读者或听众接收和理解，结果也只会是徒劳无功。

在写作或演讲之前，表达者要明确回答以下两个问题，以确定目标受众。

①我写这篇文章给谁看？这场演讲说给谁听？

这个问题的答案不仅仅是停留在"谁"的层面，还要全面分析读者或听众的特征，也可称为描绘读者或听众画像，例如受教育程度、理解能力、对核心内容的了解程度、接受程度等。对读者对象或听众对象的分析越全面、深入，越利于精准确定目标受众。

②如果我是他们，我希望看到或听到什么样的内容，希望表达者以何种形式呈现这些内容？

这个问题其实就是在要求表达者进行换位思考，站在对方的角度设计文章或演讲的内容与形式。这样设计的内容与形式能更加满足目标受众的需求，吸引他们认真阅读或听讲。

（2）贯穿整体

贯穿整体是指写作或表达要做到内容完整、结构清晰。这是一个知易行难的问题，不仅是内容上的要求，更是逻辑上的要求。

内容上要做到完整，即要求我们在写作之前要全面、深入地收集与写作主题相关的资料，确保没有遗漏。

某公司的总经理要求助理撰写一份各个部门的业务分析报告，整个公司一共有 A、B、C、D 四个部门，但是助理的报告中只分析了 A、B、D 三个部门的业务情况，遗漏了 C 部门。对于总经理来说，这份业务报告就是不合格的，因为内容不完整，他无法了解所有部门的业务情况。

内容不完整的文章或演讲的价值会大大降低。所以在写作或演讲之前，表达者必须全面收集资料，确保内容完整。

一篇优质的文章或演讲除了要求内容完整，还要求结构清晰，让读者或听众容易接收、理解和记忆。这就要求表达者要按照一定的逻辑组织内容，呈现清晰的文章结构。上述案例中的助理可以用金字塔结构呈现报告的内容，如图 1-9 所示。

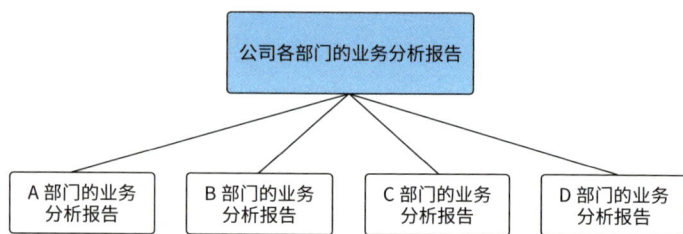

图 1-9　公司各部门业务分析报告的金字塔结构

（3）掷地有声

掷地有声是指我们的表达要有力度，要让读者或听众有感触。这个原则侧重的是表达的用词，讲究的是语言的力量。

下面是世界激励大师约翰·库缇斯（John Coutis）演讲内容的节选。

> "我每天的目标是尽力做到最好。如果我每天能激励哪怕一个人尽力做到最好、热爱自己的生活而且喜欢自己的身份、接受并迎接前面的挑战，同时相信自己、昂首挺胸，那么这就是美好的一天。"

这段话虽然没有使用华丽的辞藻，但是人们听完之后会感受到一股力量，即希望自己可以如演说者所说的那样，能够更加自信、昂首挺胸、不惧挑战。这就是能够吸引听众并激发听众行动起来的掷地有声的表达。

我们要想在表达时做到掷地有声，除了可以使用一些有力量的词语，还可以用举例、对比、比喻、类比等方式论证自己的观点。为此，我们要多学习用词、表达等基础知识和技能，多阅读经典的文章，以培养语感。

（4）言之有据

TOPS 原则的最后一个且最关键的原则是"言之有据"，强调写作者或演讲者一定要为自己想要表达的观点或方案提供有力的论据。

论据通常分为两种：事实论据和事理论据。

事实论据是指生活中客观存在的事实，常见的有举实例和列数据两种方式。

> 某企业领导在年度总结大会上表示，企业在 2022 年取得了突破性的成就。为了证明这个观点，他列举了 2022 年企业经营的相关数据，如利润、销售额等，有力地证实了该观点的真实性。

事理论据主要包括经典著作中的言论，如名人名言、俗语、成语、谚语、成语以及人们都知道的最普遍的道理。

> 某篇文章中提出了"读书非常重要"的观点，为了证明这个观点，作者用了知名作家高尔基（Gorky）的一句名言——"读书，这个我们习以为常的平凡过程，实际上是人们心灵和上下古今一切民族的伟大智慧相结合的过程"。

当然，掌握丰富的论据只是言之有据的第一步，我们在表达时还要善于选择论据，即根据论点选择合适的、新颖的、充分的论据，使论点具有无可辩驳的说服力。

TOPS 原则是我们在使用金字塔原理进行表达时的基本

原则。唯有坚守该原则，才能使我们的表达论点明确、论据充足，具有较强的说服力和影响力。

5. 金字塔原理的 2 个推理

想要表达的内容条理清晰必须能够清楚、准确地表现同一主题思想下的"思想组"之间的逻辑关系，该逻辑关系仅有两种模式——演绎推理和归纳推理。所以，我们要想写出条理清晰的文章、演讲稿或做出逻辑关系明确的 PPT，就必须先弄清楚同一"思想组"之间的逻辑关系是演绎推理关系，还是归纳推理关系，并且要掌握这两种逻辑关系的区别以及如何应用。

（1）演绎推理

演绎推理是一种线性的推理方式，最终是为了得出一个由逻辑词"因此"带出的结论。

下面，我们用一个例子来了解演绎推理的逻辑关系，如图 1-10 所示。

在金字塔结构中，位于演绎推理过程上一个层次的思想是对下一个推理过程的概括，而演绎推理的重点是在推理过程的最后一步，即由逻辑词"因此"带出的结论。

演绎推理通常具有以下几个特征。

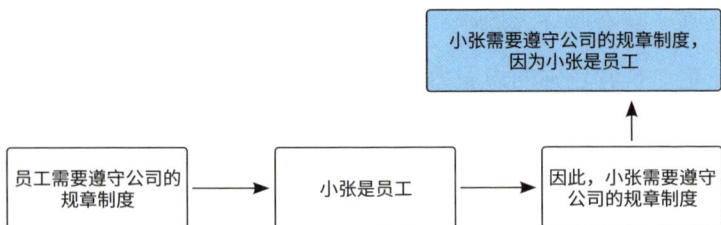

图 1-10　演绎推理

①演绎推理是由一般到特殊的推理。例如，"员工需要遵守公司的规章制度"是一般性前提，最后推理出"小张需要遵守公司的规章制度"是特殊结论。

②演绎推理的前提中通常蕴含着结论。例如，"员工需要遵守公司的规章制度"是前提，"小张需要遵守公司的规章制度"是结论，这个结论其实就蕴含在前提中。

③演绎推理中的每个信息都是由上一个信息推导出来的。例如，由"员工需要遵守公司的规章制度"和"小张是员工"推导出"小张需要遵守公司的规章制度"。

④演绎推理中的第二个信息是对第一个信息的主语或谓语做出的评述。例如，"小张是员工"是对"员工需要遵守公司的规章制度"中的主语"员工"做出的评述。

　　了解并掌握演绎推理的特点后，我们还需了解并掌握演绎推理的步骤，这样才能熟练运用演绎推理法。人们通常将演绎推理分为"三段论"来解释，即由一个大前提、一个小前提推导出一个结论的论述形式。但是在实际表达中，我们通常不用"三段论"来解释演绎推理，因为这种方式不好理解，我们一般会将演绎推理的过程看作 3 个步骤。

第一步，阐述世界上已经存在的某种情况（该情况是事实）。

第二步，阐述世界上同时存在的相关情况。如果第二个表述是对第一个表述的主语或谓语做出的评述，则说明两个表述相关。

第三步，说明两种情况同时存在时的结论。

此外，演绎推理还可以按照以下 3 个步骤进行。

第一步，阐述出现的问题或存在的现象。

第二步，分析产生该问题或现象的原因。

第三步，给出解决问题的方案或者现象背后的结论。

从演绎推理的特点和推理步骤我们可以总结出，演绎推理在实践中更容易实现，它有助于证明没有其他的解决方法，使用这种方式表达对缺少信息的读者或听众更有效，但是它同时也存在一些弊端，主要体现在推理过程复杂、烦琐。如果演绎推理涉及的信息比较多，整个推理过程就会变得非常冗长，让读者或听众感到难以理解，而且如果读者或听众对其中的一个观点与表达者持不同意见，那么最后的结论就不成立。

我们在表达中尽量不要过多使用演绎推理，如果要使用演绎推理，也要注意推理过程尽量不要超过 4 个步骤，推导出的结论不要超过两个。

（2）归纳推理

归纳推理是指将一组具有某种共性的思想、观点和事实进行归类分组，并概括其共性，这个"共性"就是我们所说的结论。

我们来看一下归纳推理的逻辑关系，如图 1-11 所示。

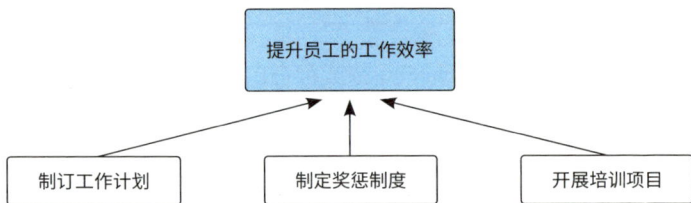

图 1-11　归纳推理

归纳推理需要我们具有创造性思维，因为大脑需要将具有共性的事物归为一类，并总结其共性。总结来说，归纳推理通常有以下几个特征。

①归纳推理中，最重要的是找到一个可以正确概括该组所有思想的词或词组。例如，图 1-11 中"制订工作计划""制定奖惩制度""开展培训项目"这几个思想可以用"工作效率"这个词来概括。

②归纳推理中，同一组思想之间是并列关系。

③归纳推理中，同类思想有相同的主语或谓语。例如，对"制订工作计划""制定奖惩制度""开展培训项目"这几句话展开叙述，其主语都是企业管理者或团队管理者，谓语都是团队或员工，主语或谓语是相同的。

了解并掌握归纳推理的特征后，我们要进一步了解并掌握归纳推理的步骤。

归纳推理是与演绎推理相对的一种推理方式，是由特殊到一般的推理方法。

在归纳推理中，每一个思想都可以用一个词概括，如原因、计划、行动、步骤、现象等，并且每一组思想中找不出与该词不一致的思想。我们可以通过归纳推理的这个特征检查我们的推理是否正确。如果发现该组思想中出现了与该词不一致的思想或不符合该词所定义的思想，那就说明我们的归纳推理存在问题，应当重新对思想进行归类分组并总结概括。

因此，在使用归纳推理时，我们一定要找一个能正确定义该组所有思想共性的词，识别并剔除该组思想中与其他思想不相称的思想。

在金字塔结构的较高层次上，使用归纳推理比演绎推理更容易让读者或听众理解；在金字塔结构的较低层次上，可以用归纳推理也可以用演绎推理，具体要根据该组思想之间的逻辑关系而定。

演绎推理和归纳推理并不存在所谓的好与坏，关键在于要根据该组思想之间的逻辑关系选择正确的推理方式，最终目的是让读者或听众更容易接收、理解我们所传达的内容。

6. 金字塔原理的 MECE 原则

金字塔原理的核心思想之一是对思想进行归类分组，并建立逻辑关系，搭建金字塔结构。对思想进行分组时，我们应遵循金字塔原理的 MECE 原则。MECE 原则指在对思想进行分组之后，要保证各组思想符合以下两个要求。

第一，各组思想之间相互独立（Mutually Exclusive）、相互排斥，不重叠。

第二，所有思想完全穷尽（Collectivelly Exhaustive），没有遗漏。

（1）各组思想之间相互独立、相互排斥，不重叠

在对思想进行分组之后，一定要确保各组思想之间相互独立，确定每组思想都属于同一个逻辑范畴。

我们先来看一个简单的例子。

> 我们可以将圆珠笔、记号笔分为一组，概括为办公文具；将办公桌、办公椅分为一组，概括为办公家具。这两组思想就是相互独立、相互排斥，不重叠的。
>
> 如果我们将圆珠笔和办公桌分为一组，然后将记号笔和办公椅分为一组，就会出现两组信息存在交叉的情况，不满足金字塔原理的 MECE 原则中的第一个要求。

为了进一步理解"各部分之间相互独立、相互排斥，不重叠"，我们再来看一个实际工作场景中的例子。

> 某公司电商部的销售主管要求销售员分析某电商平台的用户消费特征，以确认目标用户。销售员将所有可能的用户都列了出来，并分类为男人、宅男、青少年、老年人、女性白领、女人、初中学历的人、中年人、高中学历的人……

这个分类看上去非常细致，但是仔细分析后我们会发现，这些分组里存在重叠的词。例如，青少年、老年人、宅男中都包含男人。这种分组的逻辑就十分不清晰。

那么销售员要如何对可能的用户分组，才能使逻辑清晰呢？销售员首先要按照每个信息的特点把拥有共性的信息找出来，然后对每组信息的共性进行总结概括，剔除和其他信息没有共性的信息，这样就可以得到以下几组信息。

性别：男人、女人。

年龄：青年人、中年人、老年人。

学历：小学及以下学历的人、初中学历的人、高中学历的人、大学学历的人、硕士研究生学历的人、博士研究生学历的人。

这样的分组就遵循了"相互独立、相互排斥，不重叠"的原则，逻辑十分清晰，便于销售主管理解，也便于销售员进一步分析并确认目标用户。所以，我们在对信息进行分组时一定要遵循"相互独立、相互排斥，不重叠"的原则。

（2）所有思想完全穷尽，没有遗漏

很多表达者习惯想到哪写到哪或想到哪说到哪，这样最后难免会遗漏一些内容，影响了表达的完整性，进而影响了

读者或听众的体验，降低了表达的价值和效率。所以，我们在表达前组织信息时一定要遵循"所有思想完全穷尽，没有遗漏"的原则。

我们还以上述销售员确认目标用户为例来进行分析。

> 如果销售员把白领女性作为一组信息，可能就忽略了那些不是白领女性的家庭主妇、自由职业女性等女性群体。一旦遗漏了部分信息，就会导致用户画像不完整，无法明确目标用户。

这就说明这样的分组是不正确的。相反，从性别、年龄、学历等角度对用户进行分组，就能够涵盖不同特征的用户，做到"所有思想完全穷尽，没有遗漏"。

收集信息并对信息进行分组是我们在使用金字塔原理进行表达之前必须要做的一步。在这一步，我们不仅要遵循MECE 原则对信息进行分组，还要在分组后用 MECE 原则对分组内容进行检验，以确保信息具有逻辑性和完整性。

7. 金字塔中的 3 种子结构

金字塔原理是一个大的金字塔结构，也是我们表达的整体结构。在这个金字塔结构的内部还有 3 种子结构，即主题与子主题之间的纵向关系结构、子主题与子主题之间的横向关系结构、序言的结构，如图 1-12 所示。

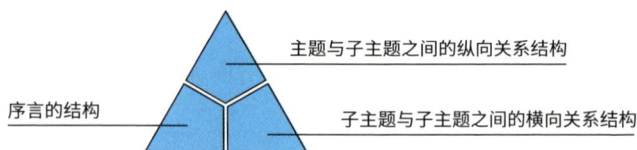

图 1-12　金字塔的 3 种子结构

（1）主题与子主题之间的纵向关系结构

在金字塔结构中，所有的主题和思想都位于不同的层次上，并且有纵向或横向关系。表达的主题与子主题之间的关系是纵向关系。

纵向关系的特点是能够吸引读者或听众的注意力。在纵向关系中，表达者可以引导一种问答式的对话，使读者或听众带着极大的兴趣了解表达者的思路。为什么能如此肯定读者或听众会感兴趣呢？因为这种纵向关系会迫使读者或听众按照表达者的思路做出符合逻辑的反应。

纵向关系的结构如图 1-13 所示。

在纵向关系结构中，金字塔结构中的每一个方框就是一个"思想"，这些思想就是表达者向读者或听众传达新的信息并引发疑问的语句。读者或听众在接收新的信息时，通常会产生这样的疑问："这是什么意思？""为什么这样

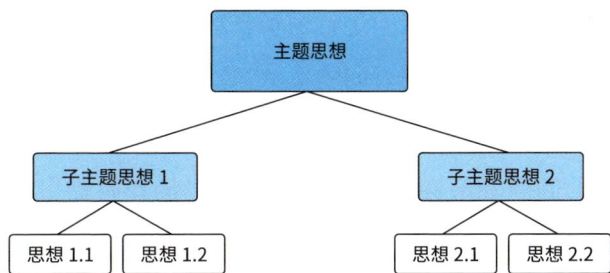

图 1-13　纵向关系的结构图

说？""如何才能这样？"作为表达者，我们必须在该表述的下一个层次中横向地解答读者或听众的疑问。

> 例如，主题思想是"做好时间管理非常重要"，读者或听众的疑问可能是"为什么这样说"，那么下一层次的子主题思想就要横向地解答这个问题，如"做好时间管理可以使时间价值最大化""做好时间管理可以改善人的拖延习惯"。但是，读者或听众对这两个子主题又会产生新的疑问，比如"为什么做好时间管理就可以改善人的拖延习惯"，于是我们就要再针对这个问题做出进一步的解答。

也就是说，在纵向关系结构中，表达者先提出一个主题思想，然后针对读者或听众对这个主题思想可能存在的疑问进行解答，答案中的各思想就是主题思想下的子主题思想，各子主题思想之间是横向关系。表达者通过不断回答读者或听众可能提出的某种疑问进行逻辑表达，直到表达者认为读者或听众不会提出新的疑问为止。但同时，表达者也不是随心所欲地提出问题、给出答案的，在同一篇文章或演讲中，子主题的问题和答案都必须是紧紧围绕最开始提出的主题而展开的，而且只在读者或听众需要的时候才给出相应的信息，这也是金字塔原理中纵向关系结构的魅力所在。总的来说，我们在搭建纵向关系结构时，最重要的是在说明主题之后能够提出恰当的问题，提出的问题角度不同、深度不同，解决方案、结果、结论都不同。所以，我们除了在表达的时候可以用纵向关系结构激发读者或听众的兴趣、增强表达的价值，在表达之前也可以用纵向关系结构进行深度思考，通过不断地提出问题触达事物本质，接近真相。这样的思考过程不仅可以帮助我们提出更有价值的主题思想，还能够使我们接下来使用纵向关系结构进行表达时提出的问题更加精准，思路更加清晰。

（2）子主题与子主题之间的横向关系结构

表达的子主题与子主题之间发生的关系是横向关系。横向关系的结构如图 1-14 所示。

横向关系结构中的思想会按照一定的逻辑顺序排列，这种排列体现在金字塔原理的基本规则之"归纳分组和逻辑递进"中。也就是说，横向关系结构中的思想有两种排列顺序——归纳逻辑和演绎逻辑。

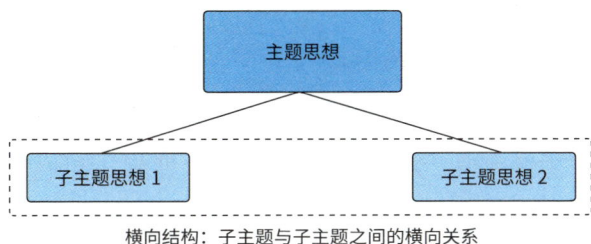

横向结构：子主题与子主题之间的横向关系

图 1-14　子主题与子主题之间的横向关系结构图

如果横向关系结构的各组思想仅从属于上一层次的思想，那么就要用归纳逻辑排列思想；如果横向关系结构的思想之间有明显的推理过程，那么就要用演绎逻辑排列思想。

归纳逻辑和演绎逻辑是在本章的第 5 节中介绍的由演绎推理和归纳推理这两种思维方式建立的逻辑关系，在此不再展开阐述。无论是用归纳逻辑还是用演绎逻辑排列横向关系结构中的思想，其目的都是使思想更加符合读者或听众的思维逻辑，便于读者或听众更轻松地理解、接收表达者传达的信息。

同样以纵向结构中提到的"做好时间管理非常重要"为例，我们一起来了解横向关系结构。

主题思想是"做好时间管理非常重要"，读者或听众的疑问可能是"为什么这样说"，那么下一层次的子主题思想就要横向地回答这个问题，也就是在构建子主题思想与子主题思想之间的横向结构。

通常，问题背后可能不止一个答案，也就是说可能有多个子主题思想。为了便于读者或听众理解、接收，我们要对这些横向关系中的思想按照一定的逻辑顺序进行排序。例如，第一，做好时间管理可以使价值最大化；第二，做好时间管理可以改善拖延习惯（这两组思想仅从属于上一层次的思想，采用的是归纳逻辑）……

如果说纵向关系结构是不断地提出问题，那么横向关系结构就是不断地回答这些问题，而且是有逻辑、有条理地回答，便于读者或听众理解、接收。所以，可以说纵向关系结构和横向关系结构是相辅相成的，表达者既要通过读者或听众可能提出的问题搭建纵向关系结构，不断激发读者的阅读兴趣、增强表达的价值，还要根据答案之间的逻辑关系搭建横向关系结构，便于读者或听众接收、理解我们传达的信息。这样有效的一问一答，才能造就一篇高质量的文章或一场完美的演讲。

（3）序言的结构

虽然写作或演讲的目的是向读者或听众传达新的信息，

但是只有当读者或听众需要了解新的信息时他们才会去读文章或听演讲。如果读者或听众没有这种需求，他们就不会提出疑问，也不会继续读文章或听演讲。因此，为了确保文章或演讲能够吸引读者或听众，表达者必须使文章或演讲能够回答读者或听众思考的问题或者他们关心的问题。也就是说，表达者的文章或演讲需要回答读者或听众的第一个初始问题。那么，如何确定并提出这个初始问题呢？表达者可以用序言确定初始问题。

问题的起源和发展一定是以描述的方式呈现的，典型的描述方式的模式是先向读者或听众说明问题产生的背景，然后介绍在该背景下发生的事情，可称为"冲突"。这个冲突可能会使读者或听众提出疑问，最后表达者的文章将针对这个疑问给出"答案"。序言可以按照这种结构展开，如图1-15 所示。

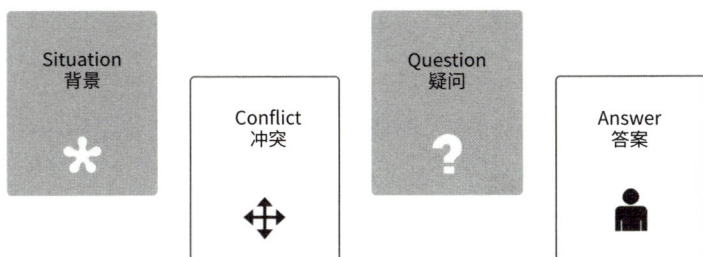

图 1-15　序言的结构

所以，序言结构也被称为"SCQA 法则"，具体的写法会在本章的第 8 节中详细介绍。

掌握了金字塔的 3 种子结构后，表达者就可以根据某一组思想构建自己的金字塔结构，为撰写一篇结构完整、逻辑清晰的文章或进行一场完美的演讲做好保障。

8. 金字塔中序言的 SCQA 法则

序言通常是指放在著作正文之前的文章。在表达中，序言是对表达意图、主题的介绍，起到提纲挈领、吸引读者或听众注意力的作用。金字塔原理提出了序言的 SCQA 法则，也就是我们在上一节提到的序言的结构，具体内容如下。

> **背景（Situation）：引入读者或听众熟悉的背景。**例如，最近的社会新闻、共同经历及公认的事实。之所以要引入读者或听众熟悉的背景是因为大多数人只会信任自己已知的事情或者已经被认证的事情。所有引出背景的句子都具有一个重要特征，即能够将表达者锁定在特定的时间和空间，从而为接下来的内容做好准备。
>
> **冲突（Conflict）：说明发生的冲突。**序言中的"冲突"经常是指某种不利的变化或与预期不符的事情，但是并不一定是指"不利的变化"。所有能够推动序言中故事发展的因素以及能够引发读者或听众疑问的变化都可以称为"冲突"。

> **疑问（Question）：由冲突引发的对方的疑问。** 为什么？怎么办？如何做？
>
> **答案（Answer）：对提出的疑问做出回答。** 根据实际情况，给出合理的答案。实际上，接下来的表达都是针对前面提出的疑问给出的答案。

表达者在序言中采取"背景—冲突—疑问—答案"的结构，能够有效引发读者或听众的疑问，让他们忍不住想继续了解表达者接下来要表达什么。这个结构的顺序并不是固定的，各个部分的顺序都可以有变化，以创造出不同的表达风格。

常见的序言结构的顺序有以下 4 种，如图 1-16 所示。

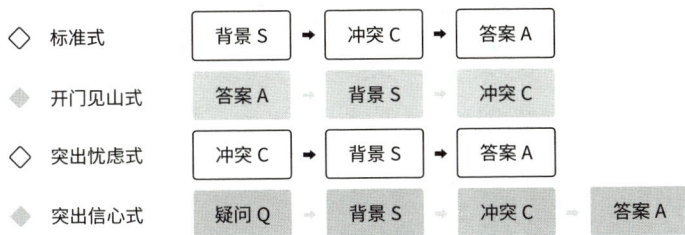

图 1-16　序言结构的 4 种顺序

以下面序言的基本结构为例，我们继续看一下序言结构的顺序变化对表达风格的影响。

> **序言的基本结构**
>
> 背景（S）：市面上大多粉底液的主打功效是遮瑕，但保湿效果一般。
>
> 冲突（C）：干性皮肤的顾客用保湿效果一般的粉底液时，很容易出现卡粉、脱妆等情况。
>
> 疑问（Q）：干性皮肤的顾客该如何选择粉底液呢？
>
> 答案（A）：干性皮肤的顾客应当选择添加了精华成分、具有高含水量、能够持久保湿的粉底液，××品牌的粉底液就具有这种功效。

（1）标准式：背景—冲突—答案

标准式是比较常用的一种序言结构的模式，结构顺序为"背景—冲突—答案"，即先描述对方已知或已认可的信息作为背景，接着抛出该背景下存在的冲突，然后针对冲突给出答案。用这种顺序呈现上述的案例内容如下。

> 市面上大多数粉底液的主打功效是遮瑕，但保湿效果一般（背景）。很多干性皮肤的顾客使用这种保湿效果一般的粉底液时，很容易出现卡粉、脱妆等情况（冲突）。因此，干性皮肤的顾客在选择粉底液时一定要谨慎，要选择

添加了精华成分、具有高含水量的粉底液。××品牌的粉底液就具有这种功效，能够持久保湿，达到12小时不卡粉、不脱妆（答案）。

"背景—冲突—答案"的顺序是人们常用的思考顺序，表达者可以用这种顺序顺利地引导读者或听众按照自己的思路思考问题，然后自然而然地引出答案——××品牌的粉底液。这个时候读者或听众已经对该品牌的粉底液产生了兴趣，并想要进一步了解××品牌粉底液的具体内容。

标准式序言结构的优点在于能够一气呵成、自然地引出答案，问题显而易见的序言内容可以采用这种方式表达。

（2）开门见山式：答案—背景—冲突

开门见山式是比较直接的一种序言表达结构，即先给出解决冲突的答案，再描述对方熟悉的背景信息，紧接着介绍这个背景下发生的冲突，结构顺序为"答案—背景—冲突"。用这种顺序呈现上述的案例内容如下。

××品牌粉底液添加了精华成分、具有高含水量，能够持久保湿，旨在帮助干性皮肤的顾客解决卡粉、脱妆的问题（答案）。据了解，市面上大多数粉底液的主打功效是遮瑕，而保湿效果一般（背景）。干性皮肤的顾客选择这种保湿效果一般的粉底液时很容易出现卡粉、脱妆等情况（冲突）。

开门见山式序言结构对于一些急于知道答案，且对答案很感兴趣的读者或听众来说，具有非常大的吸引力。但是如果读者或听众对答案并不认同，那么他们很有可能不会继续阅读或聆听下去。所以，运用开门见山式结构呈现序言时，表达者要确保答案能够直接击中对方的内心，满足他们的需求。

（3）突出忧虑式：冲突—背景—答案

突出忧虑式的结构顺序为"冲突—背景—答案"，即先抛出背景下客观存在的冲突，然后提出对方已知和已认可的背景以强化冲突，从而引起对方对开篇提及的冲突产生疑问，随后再给出该疑问的答案。用这种顺序呈现上述的案例内容如下。

干性皮肤的顾客选择保湿效果一般的粉底液时很容易出现卡粉、脱妆等情况（冲突）。然而，市面上大多数粉底液的主打功效是遮瑕，但保湿效果一般（背景）。××品牌的粉底液添加了精华成分、具有高含水量，能够持久保湿，可以帮助干性皮肤的顾客解决卡粉、脱妆的问题（答案）。

突出忧虑式序言结构可以有效戳中读者或听众的"痛点"，引起他们继续阅读或聆听的兴趣。但前提是这个冲突在现实情境中比较强烈，最好是读者或听众已知和已认可的事情。反之，如果只是一些很小且读者或听众习以为常的冲突，那么这种表达方式则很难引起他们的兴趣。所以，当序言中的冲突比较强烈时，表达者可以采用突出忧虑式结构进行表达。

（4）突出信心式：疑问—背景—冲突—答案

突出信心式的结构顺序为"疑问—背景—冲突—答案"，即先将既定主题下对方关心的疑问抛出来，然后描述对方已知或已认可的信息作为背景，紧接着再描述这一背景下存在的客观冲突（这个冲突产生的疑问要与开始的疑问相呼应），最后给出疑问的答案。用这种顺序呈现上述的案例内容如下。

干性皮肤的顾客如何选择粉底液（疑问）？据了解，市面上大多数粉底液的主打功效是遮瑕，而保湿效果一般（背景）。很多干性皮肤的顾客使用这种保湿度不高的粉底液时很容易出现卡粉、脱妆等情况（冲突）。因此，干性皮肤的顾客在选择粉底液时一定要谨慎，要选择添加精华成分、具有高含水量的粉底液。××品牌的粉底液就具有这种功效，能够持久保湿，达到12小时不卡粉、不脱妆（答案）。

　　突出信心式序言结构适用于在表达者对读者或听众就某一特定主题或者关注点有充分了解的前提下使用。对于表达者而言，即便没有交代背景和冲突，绝大多数读者或听众也存在这样的疑问且急于知道解决疑问的答案。

　　序言结构的4种顺序呈现的风格不同，具体用哪一种顺序呈现内容，还应根据序言内容的特点、表达对象的需求而定。

第 2 章

如何搭建金字塔结构

CHAPTER 2

运用金字塔原理进行高效表达的关键就是搭建金字塔结构。虽然不同的表达场景和表达内容需要搭建的金字塔结构不同，但其基本逻辑是一致的，一般都是先确定表达的主题，然后对和主题相关的思想进行分层次，接着对各个层次的思想进行排序，再接着就是基于各个主题的思想顺序按照一定的逻辑搭建表达的框架，最后往框架各个层次的主题思想中填充具体的表达内容。

1. 定主题：有且只有一个中心思想

定主题是指确定表达的主题，即将自己所要表达的观点、思想用一句话高度概括，就是常说的确定中心思想。每篇文章或每次演讲都有且只有一个中心思想，它位于金字塔的顶部，统领整篇文章或整个演讲。只有明确了主题，表达者才能围绕主题展开表达，达到表达目的。

表达者在定主题时，通常会遇到以下两种情况。

第一种情况是表达者明确知道要讨论什么主题，如领导授意写一篇关于奖励某员工的通知或者进行一次主题为"如何提升工作效率"的演讲。

第二种情况是表达者并没有想清楚自己想讨论什么主题。

如果是第一种情况，那么表达者只要将主题填入金字塔顶部的方框中即可，可以直接跳到搭建金字塔的第二个步骤——分层次。如果是第二种情况，那么表达者就要按照自下而上的方法组织思想，得出结论，确定主题。

自下而上组织思想的方法是指思维从最底部开始，然后不断向上一个层次概括得出结论，直到概括得出文章的主题。

具体来说，自下而上组织思想的方法主要分为以下 3 个步骤，如图 2-1 所示。

图 2-1　运用"自下而上法"定主题

（1）列出所有要表达的要点

列出所有要点是指表达者要将自己想表达的所有思想要点一一列举出来。

例如，表达者要表达的思想要点如下。

> 　　员工无法按时完成工作任务　员工加班过多　工资低　员工流失
> 　　工作流程复杂　生产效率低　绩效无法提升
> 　　优化工作流程　提高工资

　　列出要表达的思想要点时，表达者可以想到什么就立即记录下来。这时不用对这些要点进行筛选、判断，尽可能地列出所有能想到的要点。列出的要点越多越利于总结出表达主题。

（2）找出要点之间的逻辑关系

　　找出要点之间的逻辑关系首先建立在所有的要点都符合MECE 原则之上，即想要表达的要点已穷尽，且各个要点相互独立。因为在上一步罗列要点的过程中，我们采取的是想到即记录的方法，所以要想使列出的要点符合 MECE 原则，我们必须对列出的要点进行筛选，剔除与其他要点交叉重叠或者关联性不大、不符合逻辑的要点，为找出要点之间的逻辑关系做好准备。

　　例如，表达者列出的要点如下。

> 　　员工无法按时完成工作任务　员工加班过多　工资低　员工流失

> 工作流程复杂　生产效率低　绩效无法提升
>
> 优化工作流程　减少员工加班时间　员工旅游　举办年会
>
> 员工工作时间长

上述案例中，其他要点都是围绕工作本身及相关内容展开，但"员工旅游""举办年会"这两点属于团队活动方面的内容，与其他要点的关联度不高，因此可以剔除。此外，"员工工作时间长"和"员工加班过多"存在交叉重叠的问题，也要剔除其中一个。完成剔除工作后，下一步表达者就要对剩下的要点进行归类总结。

以上述案例为例，剔除之后剩余的要点如下。

> 员工无法按时完成工作任务　员工加班过多　工资低　员工流失
>
> 工作流程复杂　生产效率低　减少员工加班时间　优化工作流程

仔细分析以上要点后，表达者可以按照"问题"和"解决方案"将要点划分为两组。

问题	解决方案
①无法按时完成工作任务	①优化工作流程
②加班过多	②减少员工加班时间
③工资低	
④员工流失	
⑤工作流程复杂	
⑥生产效率低	

对要点进行分组后，信息变得更加清晰，更便于表达者找出要点之间的逻辑关系。

"问题"组的各要点之间的逻辑关系如图 2-2 所示。

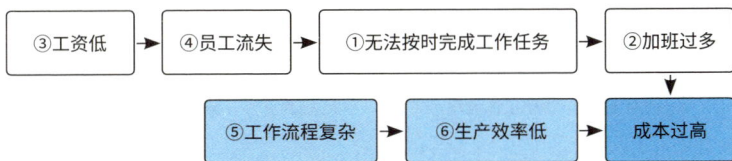

图 2-2 "问题"组各要点之间的逻辑关系

从图 2-2 中我们可以很直观地看出，"问题"组各要素之间的主要逻辑关系是因果关系，总结来说，"加班过多"和"生产效率低"这两个原因导致了"成本过高"的结果。由此可以得出图 2-3 的结构。在图 2-3 中，结果就是"问题"的主题，即"成本过高"，由此可以推理出解决方案——降低成本。

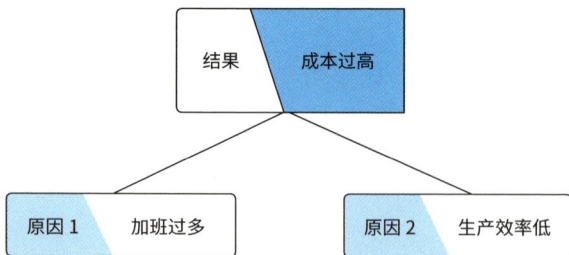

图 2-3 "问题"组的结构

"解决方案"组的两个要点之间的逻辑关系也很明显，是并列关系，由此可以得出图 2-4 的结构。

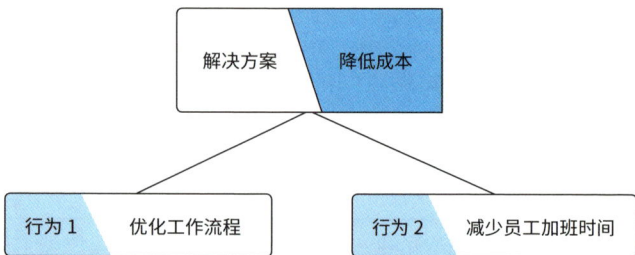

图 2-4 "解决方案"组的结构

从上述案例中列出的所有要点中找出逻辑关系后，我们可以推理出两个独立的结构。这两个结构的顶端——"成本过高"和"降低成本"都可能是表达者想讨论的主题。

（3）得出结论

表达者想讨论的主题究竟是"成本过高"还是"降低成本"呢？这个时候可以结合实际情况或序言内容进行思考。

表达者要明确在序言中已经告知了读者或听众哪些情况，对于这些情况读者或听众会产生哪些疑问。如果读者或听众已经了解了存在的问题是"成本过高"，那么接下来的内容就要围绕"降低成本"展开，即表达的主题是"降低成本"；如果读者或听众已经知道了要"降低成本"，但并不知道具体问题是什么，那么就要围绕"成本过高"展开，重点介绍存在的问题，即表达的主题是"成本过高"。

自下而上组织思想的方法可以帮助表达者快速确定表达的主题。除此之外，也可以通过命题——接受来自某人或某组织的指令的方式确定主题。但无论表达者通过哪种方式确定主题，都要记住在金字塔结构中，文章的思想具有单一性，每次表达有且只能有一个中心思想，即主题。这个主题思想位于金字塔的顶部，统领全部表达。表达者可以用金字塔结构的这个特点检查文章或演讲的中心思想，一旦发现有两个甚至多个中心思想，那么表达者就要重新整理思路，重新确定主题。否则，就会让读者或听众产生"你究竟想表达什么"的疑问，进而影响信息传递的效果。

2. 分层次：结论先行、以上统下

确定主题后，下一步就可以围绕主题收集资料和信息，并对这些资料和信息进行归类分组、总结概括。这一步的重点工作是将资料和信息分为不同的层次，然后按照"结论先行、以上统下"的原则构建初步的金字塔结构，如图2-5所示。

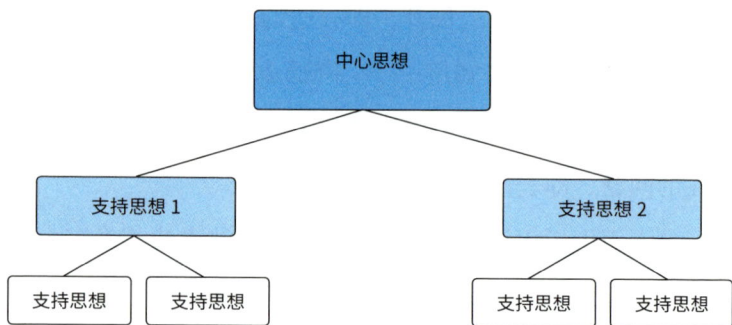

图 2-5　初步的金字塔结构

（1）结论先行：有且只有一个中心思想，并位于金字塔的顶部

"中心思想"位于文章的金字塔结构顶部的方框，这部分内容是表达者要讨论的主题，也可以说是要回答的读者或听众的疑问。

例如，表达者通过自下而上的方法确定写作或演讲的主题（中心思想）为"降低生产成本的有效策略"，接下来就可以在金字塔顶部的方框中填入主题，如图2-6所示。

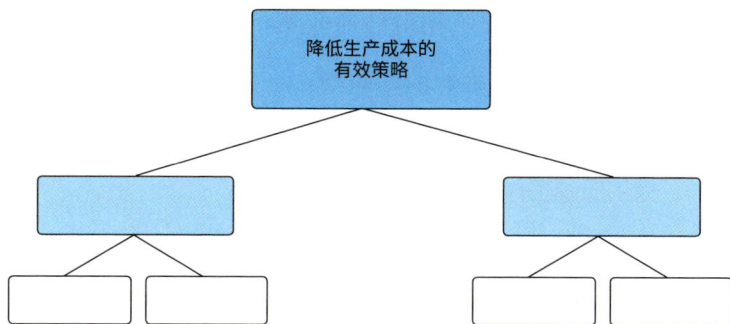

图 2-6　将主题（中心思想）放入金字塔结构顶部的方框

在这一步，表达者无须顾虑太多，只要确定了主题，将主题放入金字塔结构的顶部即可，初步的金字塔结构这样就构建成功了。如果没有确定主题，那么就要回到本章的第 1 节——定主题。

（2）以上统下：任一层次上的思想必须是对其下一层次思想的总结概括

将主题放入金字塔顶部的方框后，表达者下一步要做的是初步梳理各个层次思想之间的主要关系。这一步要遵循的原则是：任一层次上的思想必须是对其下一层次的思想的总结概括，且每组中的思想必须属于同一逻辑范畴。

简单地说，以上统下就是要做到向下分类、向上概括，且上下思想要对应。所以，在对收集的信息和资料进行分层次的时候，表达者要先学会向下分类、向上概括。

向下分类是指按照相似性对收集的信息和资料进行分类。例如，表达者收集的信息如下。

> 优化部分工作的流程　提高基本工资
> 优化所有工作的流程　提高绩效奖金

为了使信息更加清晰、有逻辑，表达者应对信息进行归类分组，分组后的内容如下。

优化部分工作的流程　优化所有工作的流程
提高基本工资　提高绩效奖金

但是仅将相似的信息进行归类还不够，这些信息依然是分散的，不利于表达者进一步组织思想，构建金字塔结构。所以，在分类的基础上表达者还应当进行向上概括，即对分类后的每组思想进行总结概括。

优化工作流程	优化部分工作的流程　优化所有工作的流程
提高工资	提高基本工资　提高绩效奖金

对思想进行向下分类、向上概括后，思想之间的层次就非常清晰了。思想分层越清晰，越利于表达者构建结构完整、逻辑清晰的金字塔结构。所以，在分层次环节，表达者应多花一些时间构思。

3. 选顺序：分类清楚、逻辑递进

选顺序强调的是分层次之后，表达者要对各个层次内部的思想按照一定的逻辑顺序进行排列。这个环节的核心工作有两个，一个是确定各个层次内部的思想都符合 MECE 原则，即符合"分类清楚"的特征；另一个是确保各个层次内部的思想具有某种逻辑顺序，即符合"逻辑递进"的特征。

（1）分类清楚：各个层次内部的思想都符合 MECE 原则

对信息进行分类后，表达者还要确认分类是否清楚，如果分类不清楚，那么就意味着信息之间的逻辑不对，可以说最后搭建的金字塔结构也是错误的，最终会影响整个文章或演讲的效果。

确认信息分类是否清楚，首先要确保各个层次的思想都符合 MECE 原则，即确保各个层次的思想之间没有重叠、没有遗漏，这样的信息分类才是清晰的。

例如，表达者对收集的信息进行的分类如下。

优化工作流程	优化部分工作的流程　优化所有工作的流程
提高工资	提高绩效奖金　提高基本工资　优化部分工作的流程

这种分类就是不清楚的，因为"优化部分工作的流程"存在交叉，一旦发现了这种问题，表达者就要对信息重新进

行梳理、分类，确保分类后的信息遵循 MECE 原则。此外，表达者还可以用金字塔原理信息分类需遵循"每组中的思想必须属于同一逻辑范畴"的原则核查思想分类是否清楚。

例如，表达者对收集的信息进行的分类如下。

优化工作流程	优化部分工作的流程　优化所有工作的流程　提高基本工资
提高工资	提高绩效奖金

仔细分析可以发现，这个分类并不清楚，因为"提高基本工资"与"优化部分工作的流程""优化所有工作的流程"不属于同一范畴。如果收集的信息和资料不是很多，表达者可以用"每一组思想必须属于同一范畴"这个原则对信息分类进行核查。如果收集的信息和资料比较多，表达者可能很难确认每一组思想是否属于同一范畴。这种情况下，表达者可以看看是否能用一个词或词组概括该组的所有思想。

例如，"优化部分工作的流程、优化所有工作的流程、提高基本工资"，我们很难找到一个词或词组精准地概括这组思想，但是将"提高基本工资"这个思想剔除后，我们就可以用"优化工作流程"来概括这一组思想了。

所以，如果表达者可以用一个词或词组精准地概括该组的所有思想，那么也就说明这个分类是清楚的，且能够确保每一组思想都属于同一范畴。相反，如果表达者无法用一个词或词组精准地概括该组的所有思想，那么就要考虑分组是否出现了问题，然后重新进行分组，直到可以用一个词或词组精准地概括该组的所有思想为止。

（2）逻辑递进：每组的思想必须按照逻辑顺序组织

逻辑递进是指所有列入同一组的思想必须具有某种逻辑顺序。只有列入同一组的思想按照某种逻辑顺序进行表述时，表达者才能搭建逻辑清晰、结构完善的金字塔框架。

在第1章的第5节中我们提到，同一主题下的思想组之间的逻辑关系仅有两种模式，即演绎推理和归纳推理。也就是说，在我们初步搭建的金字塔结构中，各个层次内部的思想之间的逻辑关系一定是演绎关系和归纳关系之一。如果某一个层次内部的思想之间是演绎关系，那么表达者就可以很容易地找出该组思想的逻辑顺序。因为演绎关系是一种线性结构，思想之间的顺序只有一种，即演绎顺序，如图2-7所示。

图 2-7　具有演绎关系的思想之间的逻辑顺序

如果某一个层次的思想之间是归纳关系，那么表达者就要根据各个思想之间的关系选择恰当的逻辑顺序，因为在归纳关系的思想组中，不同思想的逻辑关系不止一种。一般来说，大脑的归纳分组分析活动只有 3 种，即按照时间顺序进行分类，例如"降低生产成本的有效策略有两个，第一个是优化工作流程，第二个是减少员工加班时间"；按照整体和部分的结构顺序进行分类，例如"这套房子是三室两厅的格局，共有三个卧室、一个客厅、一个餐厅"；按照重要性进行分类，例如"我认为这次任务没有按时完成的原因一共有4 个，其中'没有制订完善的执行计划'是最重要的原因，此外还有'业务知识不够全面''工作不够认真''沟通不到位'3 个原因"。

按照一定的逻辑顺序对各个层次的思想进行排序之后，表达者还要从读者或听众的角度对逻辑顺序进行检查，这也是检查层次分类是否恰当的重要手段。虽然在"分类清楚"环节我们已经对思想分类进行了检查，但这并不妨碍我们在完成逻辑排序之后再次进行检查。因为确保各思想组分类清楚、符合 MECE 原则，是我们搭建清晰的金字塔结构的重要条件，也是我们进行条理清晰地表达的前提条件。如果在阅读或聆听的过程中，读者或听众发现不了思想之间存在的逻辑顺序，那么表达者就要回到分类环节寻找某种逻辑顺序，即回答"我是按照什么对思想进行分类的，过程、流程、结构、类别、原因，还是别的什么？"这个问题。如果读者或听众可以清晰地了解各层次思想之间的逻辑关系，就说明表达者达成了"分类清楚，逻辑递进"的目标。

4. 搭框架：时间、结构、程度

搭框架是指基于前面分的层次和确定的逻辑顺序，搭建文章或演讲的整体框架。通常来说，我们在写作和演讲等表达中常用的框架结构都是按照归纳关系的 3 种逻辑进行搭建的，包括时间顺序、结构顺序和程度顺序。

（1）时间顺序框架

时间顺序是比较容易理解且表达中较常见的一种逻辑顺序。在按照时间顺序组织的思想组中，主题思想往往是要达成的某个结果，支持思想往往是按照时间顺序进行排列的为了达成主题结果而必须采取的步骤、流程等。例如，"我们这次行动共分为三个步骤，第一步……第二步……第三步……"，这些行动的时间顺序有时候会非常明显，例如"为了高效完成今天的工作任务，李琦制订了详细的行动计划，8:00—8:30 和团队成员开会，确定每个人的工作任务；8:30—11:30 全力完成自己的工作任务；11:30—13:00 午休；13:00—14:00 和团队成员一起对接工作进度，查漏补缺……"但是，大部分情况下时间顺序并没有这么明显，而是隐藏在采取行动的原因、措施、步骤中，所以很容易让人误以为不应该按照时间顺序搭建结构。事实上，仔细探究后我们会发现，在这些原因、措施、步骤中存在着一种隐形的时间顺序——先有了第一个原因才会有第二个原因、第三个原因，或者先采取了第一个措施才可以采取第二个措施、第三个措施，抑或先完成了第一步才能进行第二步、第三步。所以，在搭建框架环节，表达者一定不要盲目地从表面信息判断各个思想组之间的关系。一旦确定存在时间顺序，无论是显性的还是隐性的，都只需按照时间顺序搭建表达的框架即可。

此外，在运用时间顺序搭建框架时，表达者还经常会遇到无法清楚地区分行动和结果的问题。前文中提到，同一组行动是为了达到某一特定的结果。如果行动不是很多时，表达者可以轻松地区分行动和结果；如果行动比较多，流程和过程比较长时，中间可能包括很多步骤，那么就会存在多个层次的行动和结果，这种情况下表达者就很难区分行动和结果了。为了说明这一点，我们来看下面的例子，这是一名企业管理人员提出的改善绩效管理的策略。

> 要改善绩效管理，我们应当采取以下策略。
>
> 第一，对企业管理进行诊断。
>
> 第二，对企业绩效进行调研。
>
> 第三，绩效诊断评估。

第四，确认与制定绩效目标。

第五，制订绩效管理实施计划。

第六，确定绩效考核的指标和权重。

第七，设计绩效管理方案。

第八，测评绩效结果。

第九，制订绩效改进方案。

第十，绩效测评分析。

第十一，生产管理培训辅导。

第十二，采购管理培训辅导。

第十三，推动绩效辅导改善。

　　在第 1 章第 1 节中，我们提到了"奇妙的数字 7"，即人的大脑在短时间内无法同时处理 7 件以上的记忆项目。因此，如果我们在表达超过 7 个信息时，就应当进行归类分组。案例中罗列了 13 个步骤，虽然它们是按照时间顺序进行排列的，但是有些步骤并不在同一个层次，例如"第三，绩效诊断评估"包含"第一，对企业管理进行诊断"和"第二，对企业绩效进行调研"两个环节。很显然，这样罗列的 13 个步骤会让读者或听众难以理解。我们对上面例子中的步骤进行进一步的归类分组，并按照时间顺序重新搭建结构。

改善绩效管理的 5 个步骤如下。

第一步，实施绩效诊断评估。

　　首先，对企业管理进行诊断；

　　其次，对企业绩效进行调研。

第二步，确认与制定绩效目标。

第三步，设计绩效管理方案。

　　首先，制订绩效管理实施计划；

　　其次，确定绩效考核的指标和权重。

第四步，绩效测评分析。

　　首先，测评绩效结果；

　　其次，制订绩效改进方案。

第五步，推动绩效辅导改善。

　　首先，生产管理培训辅导。

　　其次，采购管理培训辅导。

　　经过归类分组后，表达的结构更加清晰了，读者或听众也更容易理解表达者的意思了。所以，如果流程、步骤太多，表达者就要进一步对思想进行归类分组，然后再按照时间顺序搭建框架。

（2）结构顺序框架

结构顺序是指表达者在使用地图、示意图想象某个事物时的空间顺序。简单地说，结构顺序就是将整体分割为部分或者将部分组成整体。企业在绘制组织结构图时通常会采用结构顺序，如图 2-8 所示。

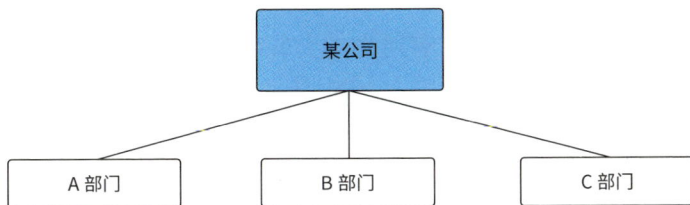

图 2-8　企业采用结构顺序绘制的结构图

在采用结构顺序搭建框架时，表达者一定要遵循 MECE 原则，确保各部分之间没有重叠、没有遗漏，这样划分出来的结构才是清晰的、完整的。

表达者可能还会存在一个疑问：应该以怎样的顺序将各部分放入结构图中？例如，是将 A 部门放在第一个位置，还是将 B 部分或 C 部门放在第一个位置呢？确定这个顺序的关键在于表达者划分结构的时候采用的是什么原则。

人们在划分结构时通常会采取 3 种方式。

①根据活动本身发生的顺序划分结构

例如"产品开发的结构是提出概念、产品研发、市场营销"。如果表达者划分结构的时候强调的是活动本身，那么各部分展现的顺序就是一个过程，因此可以采用时间顺序对结构中的各个部分进行排序。

②根据活动发生的地点划分结构

例如"我们将在以下3个城市举办展览，北京、上海、广州"。如果表达者划分结构的时候想强调的是地点，那么各部分展现的顺序就是空间位置，可以按照空间顺序进行排序，例如从北到南、从南到北、从东到西、从西到东，从外到里、从里到外，从左到右、从右到左的顺序。总之，在排列的时候一定要体现出明确的空间顺序。

③根据活动合集划分结构

例如"我们将同时在××直播、微博、企业微信公众号3个平台展开促销活动。"如果表达者划分信息时强调的是与某一产品、市场、客户有关的活动合集，那么各部分之间就是并列关系，展现的顺序一般没有特定要求，可以根据表达者认为对读者或听众产生影响的重要程度进行排序，也可以按照从大到小、从小到大的方式进行排序。一般来说，按照读者或听众的思维习惯、喜好等方式进行排序是最佳的。以"××直播、微博、企业微信公众号3个平台"为例，如果该企业的用户大多数都集中在"××直播"平台，那么将"××直播"放在第一位是比较好的；如果该企业的用户大多数都集中在"企业微信公众号"，那么就要把"企业微信公众号"放在第一位了。

（3）程度顺序框架

程度顺序也称重要性顺序，是指对因为具有某种共性而被归为一组的思想，按照思想对主题的重要性进行排序。

> 例如，影响员工工作效率的因素有 5 个。

严格来说，这样的表达并不准确，因为影响员工工作效率的因素不只有 5 个，表达者只不过是从所有因素中挑选了影响较大的 5 个。因此，准确的表达应该是"影响员工工作效率的因素有 5 个重要因素以及一些其他因素"，其结构如图 2-9 所示。

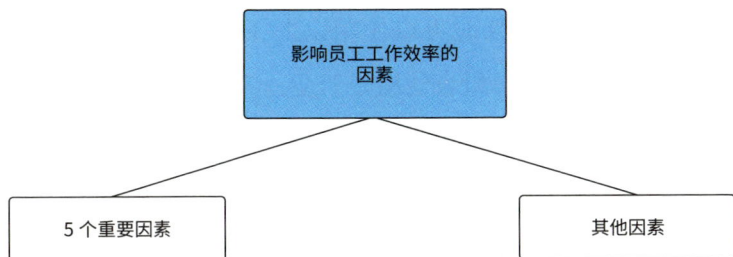

图 2-9　程度顺序框架一

"5 个重要因素"与"其他因素"具有共同特征，即它们都是影响员工工作效率的因素，但是它们具有的共性的程度不同。"5 个重要因素"对员工工作效率的影响更大，所以按照程序顺序表达为"5 个重要因素以及一些其他因素"。

同时，"5 个重要因素"中的各个因素虽然存在共性，但是具有的共性的程度并不同，因此要按照"程度"或"重要性"，从重要到次重要、从高到低、从大到小的顺序排列。这就是我们所说的程度顺序，如图 2-10 所示。

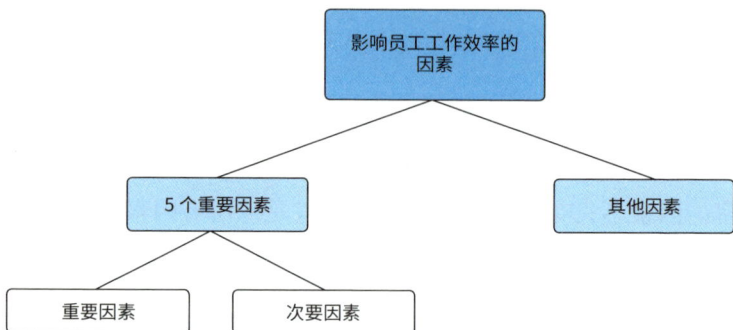

图 2-10　程度顺序框架二

表达者搭建框架时可以使用以上 3 种逻辑顺序中的一种，也可以多种逻辑组合使用。但是，表达者必须确保每一组思想中至少存在一种逻辑顺序，否则就说明这种分组有问题，应当重新检查自己的思路并重新归类分组，确保可以搭建清晰、完整的框架。

5. 填内容：事实、数据、故事

搭建好框架后，下一步就是填内容，充实框架。填内容其实就是回答读者或听众的疑问，或者说是佐证自己的观点。一般来说，回答疑问或佐证观点常用的内容有事实、数据和故事。

（1）事实

事实是指真实发生的事情，常用来佐证自己的观点。一些表达者很容易将事实与观点混淆，将观点当作事实。一旦出现这种情况，就会导致表达的观点不够清晰，容易被读者或听众误解。

从本质上来说，事实是指事情的真实情形，观点是指事实所处的立场或出发点。我们可以从以下内容中了解两者的不同之处。

事实	观点
①事实是客观存在的，不以人的意志为转移	①观点是主观存在的，以人的意志为转移
②事实有真假之分，可以证明，也可以证伪	②观点没有真假之分，无法证明和证伪
③事实是真实发生的，是从自然中收集而来的，如通过观察、记录等方法收集真实发生的事实	③观点不是真实发生的事情，只是人的一种想法、立场
④事实被人们普遍认可，不可否认	④观点并不被人们普遍认可，可以被否认

为了进一步了解两者之间的不同，我们来看下面一组

案例。

> 圆珠笔可以用来写字
>
> 圆珠笔比钢笔好用

"圆珠笔可以用来写字"是客观存在的，不以人的意志为转移，不可否认，所以这句话表达的是事实。而"圆珠笔比钢笔好用"是一种主观意识，有人这么认为，也有人不这么认为，所以这句话表达的是观点。

对事实和观点的概念、特征进一步了解后，相信表达者已经掌握了区分事实与观点的技巧。那么是不是框架中不能填入观点呢？当然不是。实际上，定主题以及对各个层次进行总结、提炼关键句的时候就是表达观点的时候，但是只表达观点还不够，还需要用论据来支撑。支撑一个观点需要用到事实依据，而不是另一个观点。这也是事实和观点在表达中的不同用法。

（2）数据

数据是事实或观察的结果。在大数据时代，除了传统的数字，声音、图像、文字、符号等未经加工的素材也可称为数据。因为数据具有事实、未经加工的特点，所以数据也可以支撑观点，并且极具信服力。

例如，在万信集团 2022 年的财务报告中出现了这样一句话："万信集团 2022 年的营收情况非常可观。"

读者在读到这句话的时候可能会产生这样的疑问："为什么这么说？""有多可观？""没有证据我为什么相信这是真的？"等。一旦读者产生了疑问，而接下来又没有极具信服力的内容回答他们的疑问，那么他们对这篇财务报告就会产生更多的质疑。但是，如果该财务报告接下来的内容中用数据对上述观点进行了佐证，那么效果就完全不同了。

"万信集团 2022 年的实际收入达 2366 亿元，同比增长 111%；2022 年的毛利润达 1330 亿元，同比增长 30%。"

看完这段表达后，读者便会认同表达者在一开始表达的"万信集团 2022 年的营收情况非常可观"的观点。

当然，除了这种直接列举数字的表达方式，表达者还可以借助声音、图像、文字、符号等未经加工的数据回答疑问并佐证观点。

例如，"我们本次促销活动广受好评，不仅大幅提升了产品销量，还吸引了大量新用户，大家请看大屏幕。"这时，屏幕上展示的是产品管理系统提供的销量汇总图片和企业客户管理系统新增用户信息的图片。

相较冷冰冰的数字，真实的图片、视频、声音等数据具有更强的说服力，这也是人们常说的"有图有真相"。所以，表达者在框架中填充内容的时候，不妨试着多找一些未经加工的数据资料。

（3）故事

用来回答疑问、佐证观点的故事一般是指真实发生的故事和案例，以及古今中外的经典故事和案例。所以，这里的故事至少要具备以下两个特点中的一个，一个是真实发生的，另一个是被人们熟知且被人们认可的。

例如，表达者要强调学习环境对学习效果的影响，可以讲述"孟母三迁"的故事。

这里要提醒表达者注意的是，有些故事和案例虽然经典，能够佐证观点，但是因为读者或听众对这些内容过于熟悉，所以很难吸引他们的注意力，从而降低表达的效果。因此，表达者最好选择一些新颖、独特的故事。例如最近发生的新闻、经典故事的不同角度，发生在表达者自己身上的故事等，这些都是比较好的故事素材。

此外，无论是事实、数据还是故事，都必须和表达的观点、主题紧密相关，不能为了吸引读者或听众的注意力而选择一些无关且新奇的内容，这样反而是舍本求末，对表达效果产生无法挽回的危害。

当我们运用事实、数据、故事将观点都充实起来，一个完整的表达结构基本上就成立了。如果是写文章，到这一步基本就完成了。如果是演讲，到这一步也算是演讲稿或者腹稿已经完成，接下来就要声情并茂地说出来了。虽然步骤看起来很简单，但在不同的应用场景中，每个步骤的侧重点和可能遇到的问题都会有所不同，这就需要我们在实际应用中不断地摸索、思考，以实现更好的应用效果。

第 **3** 章

金字塔原理在
沟通中的应用

CHAPTER 3

"想清楚，说明白，知道说什么、怎么说"是我们在沟通中希望达到的效果。可现实是，大多数人在沟通中的表现是"说半天对方也没有听明白""表达没有思路，没有逻辑"等。如何解决沟通中的这些问题，实现有效沟通呢？金字塔原理能够提高思考与表达的逻辑性，帮助我们在沟通中清晰地思考、高效地表达。

1. 结构化思维在沟通中的作用

金字塔原理采用的思维模式是结构化思维。结构化思维在沟通中有哪些作用呢？在回答这个问题前，我们先来回想一下，在日常工作中自己是否经常遇到以下场景。

> 在与领导沟通工作问题的时候，讲了 5 分钟，领导仍然不明白你要表达什么。
>
> 遇到比较复杂的事情时，不知道从哪里开始表达。
>
> 在会议上发言时，不知道该说什么，因此只能想到哪

> 说到哪。

　　以上这些场景相信不少职场人士都遇到过，导致这些问题产生的主要原因就是我们没有掌握结构化思维，更别提将其运用到沟通中了。现在我们可以回答开篇的问题——"结构化思维在沟通中有哪些作用"了。结构化思维的主要作用是帮助我们解决沟通中的各种难题，实现有效沟通，具体体现在以下 2 点。

（1）重点突出，一开口就让对方知道我们想表达什么

　　有效沟通的特点之一是对方知道我们想表达什么。运用结构化思维进行沟通，可以突出表达的重点内容，实现一开口就让对方知道我们想表达什么。这里的重点就是金字塔原理强调的"结论先行"。

> 　　例如，员工因没有按时到达与客户约好的地点而导致签单失败。员工向领导汇报工作情况时说："我与客户约定的时间是下午 2:00，我担心迟到，提前半个小时就出门了。但是我没有想到路上堵车很严重，导致我 2:10 分才到，迟到了 10 分钟。客户对此十分不满，当场就发火了，他都没有认真看合同，只说下次有机会再合作。我非常抱歉，因

为我的失误失去了这笔订单。我保证下次一定提前熟悉到达约定地点的交通状况，确保自己不会迟到。"

这段话的确说明了整件事的具体内容，但是重点并不突出，领导可能在"我与客户约定的时间是下午 2:00，我担心迟到，提前半小时就出门了"这句话还没说完的时候就打断员工，问道："结果如何呢？你说这些是想表达什么呢？"因为领导通常都很忙，他们只想听下属汇报工作的重点。

下面我们再来看一看运用结构化思维后，结论先行的表达效果。

"客户拒绝了本次合作，因为我迟到了 10 分钟。事实上，我提前半小时就出门了，但是我没有想到路上堵车很严重，导致我比约定时间晚到了 10 分钟。客户对此十分不满，当场就发火了，他都没有认真看合同，只说下次有机会再合作。我非常抱歉，因为我的失误失去了这笔订单。我保证下次一定提前熟悉到达约定地点的交通状况，确保自己不会迟到。"

对于领导来说，签合同是重要的事情，也是他最想要了解的事情，所以当下属先说明结论、突出重点，然后说明具体情况，领导通常不会打断他们，因为领导也想知道结论背后的原委，这样沟通就可以顺利地进行下去了。

（2）逻辑清晰：让对方接收并理解我们表达的内容

在沟通中运用结构化思维可以对表达的信息进行梳理，让表达的内容更加有逻辑，让对方能够接收并理解我们表达的内容。

我们先来看缺乏逻辑的表达是怎样的。

例如，某团队 2021 年的绩效直线下降，领导找团队主管谈话，让其分析导致团队绩效下滑的原因。

团队主管收集相关资料后，得出导致团队绩效下滑的主要原因有：员工工作积极性低、员工抱怨绩效奖金低、加班时间太长、员工能力欠缺、缺乏专业的培训、员工不能主动学习。

团队主管向领导汇报的时候说："2021 年团队绩效下降是因为员工能力欠缺，还有员工的工作积极性太低。此外，专业性的培训太少了，员工也不爱主动学习。除了这些，员工还经常抱怨绩效奖金低以及加班时间长。"

这段话涵盖了导致团队绩效下滑的主要原因，但是听完这段话后，领导很可能会一头雾水，因为他要花时间和精力去梳理这段话的逻辑，找出主要原因以及这些原因之间的关系。但是通常领导很忙，所以面对这种逻辑混乱的表达领导可能会感到厌烦。

我们将金字塔原理运用到该对话中，看一下逻辑清晰的表达是怎样的。

我们首先对案例中导致团队绩效下滑的几个原因进行归类分组并构建金字塔结构，如图 3-1 所示。

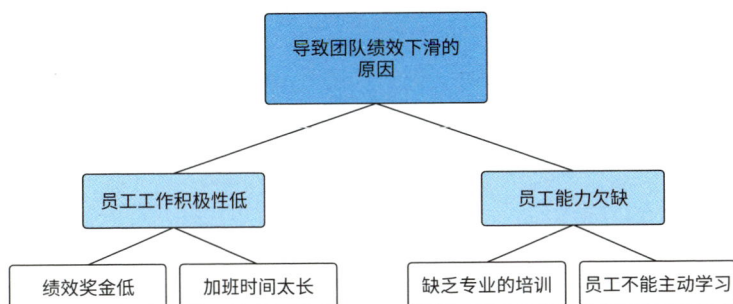

图 3-1 "导致团队绩效下滑的原因"的金字塔结构

然后团队主管可以根据搭建好的金字塔结构自上而下表达。

"导致 2021 年团队绩效下滑的原因主要有两个：一个是员工工作积极性低，另一个是员工能力欠缺。员工工作积极性低的主要原因是绩效奖金低和加班时间太长，员工能力欠缺的主要原因是缺乏专业的培训和员工不能主动学习。"

这样表达的逻辑十分清晰，领导一听就能明白导致团队绩效下滑的主要原因，基本上不会再产生疑问，通常会说"好，我了解了"或"我们一起探讨下该如何解决这个问题"。这说明团队主管和领导的这次沟通是有效的，不仅信息传递成功，也得到了领导的反馈。

总结来说，结构化思维运用在沟通中可以帮助表达者想明白、说清楚，高效地传递信息，达到沟通目的，实现有效沟通。

2. 有效沟通的 3 个要点

结构化思维可以帮助表达者更清楚地传递信息，促进沟通顺利地进行。表达者要想在此基础上进一步提升沟通效率，还应掌握有效沟通的 3 个要点——让对方听得进去、听着合理、乐意听，如图 3-2 所示。

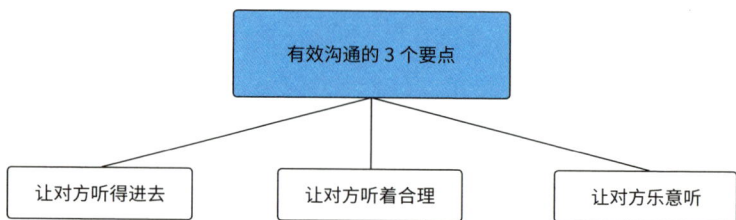

图 3-2　有效沟通的 3 个要点

（1）让对方听得进去

沟通是一个双向动态的过程，表达者既要准确传达自己想表达的信息，又要让对方听得进去。否则，表达的信息再多、再有价值，对方听不进去，沟通也是无效的。所以，有效沟通的第一个要点是让对方听得进去。

在沟通中，我们要如何做才能让对方听得进去呢？古代作战讲究"天时地利人和"，有这三者的配合，战争才更容易取得胜利。其实，沟通也讲究"天时地利人和"，即沟通的时机、场合和气氛。也就是说，沟通中要想让对方听得进去，表达者在沟通前就要明确回答以下 3 个问题。

①时机合适吗？

在合适的时机做合适的事情，能够取得事半功倍的效果，所以要想让对方听得进去，首先必须选择合适的时机。

通常以下两个时机比较适合展开沟通。

> **第一，对方心情愉悦的时候。**心理学研究表明，人们在心情愉悦的时候，对事物的接受度比较高。所以，对方心情愉悦的时候是展开沟通的好时机。相反，如果对方心情不好，那么你一定要尽量避免在此时与对方沟通，因为这个时候对方很可能什么都听不进去。
>
> **第二，对方空闲的时候。**一般人在空闲的时候会更有

耐心听表达者表达，所以对方空闲的时候也是展开沟通的好时机。相反，如果对方非常忙，那么你一定不要在此时展开沟通，因为对方根本没有时间听，更不要说能够听进去了。

除了以上两个时机，我们还应学会随时捕捉合适的沟通时机。例如，领导与员工沟通的好时机有：员工主动询问领导相关问题的时候、员工之间出现矛盾的时候、员工向公司提出合理建议的时候等。

②**场合合适吗？**

场合也是决定对方能否听进去的关键因素，因此在沟通前我们要选择合适的场合。这里的场合主要指沟通的地点和环境。通常在人少、安静的地点沟通效果更好，例如独立的会议室、安静的咖啡厅等。

具体选择什么样的地点和环境还应视沟通的内容和对象而定。例如，如果是领导与员工沟通工作事宜，那么可以选择在领导的办公室或者会议室；如果是员工与客户沟通，那么可以选择在会议室，也可以根据客户的喜好选择一个环境舒适的餐厅或咖啡厅。

总之，沟通的场合一定要安静、舒适，这样才能让对方静下心来倾听。

③氛围合适吗？

在良好的沟通氛围下，对方才能放松身心，进而才能听得进去我们表达的内容。所以，在沟通之前还要确保氛围合适。换句话说，在沟通之前，包括在沟通过程中，我们都要积极营造良好的沟通氛围。

营造良好的沟通氛围可以从两方面入手：沟通态度和身体语言。

> 沟通态度对沟通氛围有非常大的影响。通常来说，轻松自然、让对方没有压力的态度更容易让沟通顺利进行。此外，在表达的时候多使用积极的语言、掌握好表达的分寸也是让对方愿意继续倾听的重要态度。
>
> 身体语言是指我们可以通过身体语言表达积极的情绪，让对方放松警惕，认真倾听。例如，面带微笑、身体微微向前倾。

当时机、场合和氛围都合适的时候，就是可以让对方放松警惕、轻松自在地和我们进行沟通的时候。在这种状态下，对方便可以听得进我们表达的内容。

（2）让对方听着合理

只有让对方听着合理，对方才会理解我们表达的内容，才愿意继续听下去，沟通才能顺利地进行。

如何让对方听着合理呢？我们在沟通时可以依次采取以下方式。

①说对对方有利的

趋利避害是人的天性。大部分人在生活和工作中会努力靠近和接收对自己有利的事物，避开对自己不利、有害的事物。人们在沟通中也是如此，会认为对自己有利的信息是合理的，愿意理解和接收。反之，对自己不利的信息人们会认为是不合理的，不愿意理解和接收。因此，为了让对方听着合理，在沟通时我们可以先说对对方有利的内容。

②指出彼此互惠的

如果只是单方面地传达对对方有利的信息，对方很可能会误会我们是为了达到某种目的在奉承他。为了避免这种误会，接下来我们可以传达彼此互惠的信息。

③提出一些要求

前面两点其实都是在表达对对方有利的信息，这个时候对方会认为我们的表达比较合理，愿意继续聆听我们的表达。这个时候是我们提出要求，达到沟通目的的好时机。

针对以上 3 个步骤的应用，我们举个例子。

例如，领导希望员工改正自己的错误，可以先说："这个月你的工作完成度非常高，整体表现不错（表扬，对对方有利的）。我们团队的整体业绩也得到了提升，这其中有你的一份功劳（彼此互惠的）。如果你能改进某问题，进一步提升自己，那么你将获得更好的成长，我们团队也会因为你的突出表现再上一个台阶（提出要求）。"

（3）让对方乐意听

在日常沟通中我们可能会常常遇到这种情况，对方对我们表达的内容点头表示同意，也明确反馈"我会按照你说的去做"，但是对方却满脸不高兴，似乎有很大的怨气。出现这种情况的根本原因就是我们在表达的时候没有照顾到对方的情绪，让对方听得不开心。这种情况下，即便他们听进去了，也觉得非常合理，他们也不会把听到的内容真正放在心上，但通常只会敷衍应对。这样的沟通就是无效的。

要想让对方乐意听，我们在表达的时候就要注意自己的表达方式和说话语气。表达方式一般指我们在表达时使用的句式、词等，例如反问句比陈述句显得更尖锐，容易带给对方不太友好的感觉。语气则指我们通过音量的高低、气息的快慢传递出的语意和感情，例如咬牙切齿地高声喊叫会传递出恨意；轻声软语、气息柔和则会传递出爱意。

我们来看下面一组例子。

小张怒气冲天地对同事说："这个项目是领导让我们两个合作完成的，为什么你擅自做主选择了 A 方案？难道不应该跟我商量后再决定吗？"

小张语气温和地和同事说："我相信领导是认可我们俩的能力，才把这个项目交给我们的，希望我们要有商有量、互相配合，争取早日顺利地完成这个项目。"

从内容的本质上来说，以上两种表达的意思没有什么差别，只是表达方式和说话语气不同。通常来说，委婉的表达方式、温和的说话语气会让人更乐意听，也更容易让人接受。

为此，我们要学会在表达之前换位思考"如果对方这么说，我乐意吗？"，如果答案是否定的，那么我们就要换一种表达方式。同时，平常我们在说话的时候就要刻意告诉自己要使用温和的语气，适当控制自己的语速，慢下来不仅会让对方感觉我们的态度比较和缓，也更容易控制好语气。

抓住以上 3 个要点，我们就可以在沟通中准确、清楚地把信息传递给对方，有效推进沟通。但这并不是一朝一夕可以实现的，这不仅需要我们对每一个细节都仔细揣摩、认真实践，还需要我们对其中的技巧不断地进行刻意练习，日臻完善。

3. 运用金字塔原理沟通的步骤

根据金字塔原理的自下而上的思考方式和自上而下的表达方式，我们可以将有效沟通划分为 5 个步骤，如图 3-3 所示。

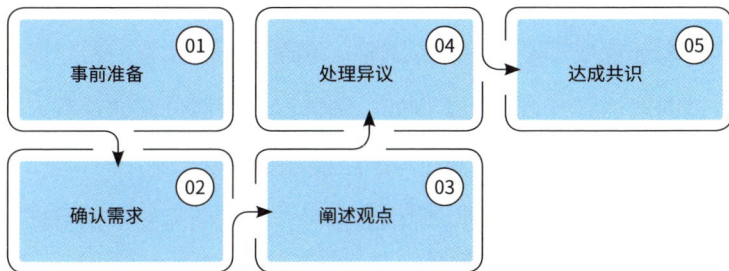

图 3-3　运用金字塔原理沟通的步骤

（1）事前准备

写作者在写作前要收集相关资料，并对资料进行归类分组、总结概括，这就是写作前的准备工作。同理，沟通前也要做好充足的准备，让自己在沟通中能够做到从容不迫、有的放矢。

事前准备一般包括以下几项工作。

①了解沟通对象。沟通对象决定了我们应该采取怎么样的沟通方式，所以在事前准备工作中了解沟通对象这项

工作必不可少。但要注意的是，了解沟通对象一定要从正规的渠道了解，不能随意打听消息，更不能打探对方的隐私。此外，基于了解到的信息，要对沟通对象进行全面、客观的评价，切不可断章取义。

②**明确沟通目标。**有效沟通一定要有明确的目标，否则沟通就成了漫无目的的闲聊。沟通目标就是我们希望通过沟通达到什么目的。例如，销售员希望通过沟通让客人购买商品，员工希望通过沟通让领导批准他升职。

③**制订沟通计划。**明确目标后，我们还需要根据目标收集相关资料，制订沟通计划。这一步就是要事先规划好"先说什么，后说什么，如何说更容易让对方听得进去、听着合理、乐意听"。做好这件事情，可以让我们在沟通中有条不紊地进行表达。

④**预估可能出现的异议并设定处理异议的措施。**沟通中出现异议非常正常，我们要做的就是提前预估可能会出现的异议并设定相应的措施，以防止我们在沟通过程中突然手足无措，导致沟通中止。

⑤**情绪和体力上的准备。**这是很多人容易忽视的一项准备工作，但是这项工作如果不准备完善，将会对沟通效果产生极大的影响。当情绪和体力不佳的时候，我们不仅难以做到思路清晰、有逻辑地进行表达，还会出现易怒、

不耐烦等情绪，从而导致沟通难以推进。所以，在沟通前一定要调整好自己的状态，要让自己有积极的情绪和充足的体力。

（2）确认需求

有效沟通不只是要达到自己的目标，也要了解并满足对方的需求，所以，在沟通过程中确认对方的需求很重要。

如何确认对方的需求呢？

①**有效提问。**提问是一种比较直接的方式，我们可以通过这种方式直击对方的需求。但是提问也要讲究技巧和策略，否则对方未必会回答。有效提问的技巧和策略将在本章第 8 节中详细介绍。

②**仔细倾听并确认。**要想确认对方的需求，就要认真倾听对方说话，尤其要抓住与沟通目的密切相关的信息，其中往往暗含着对方的需求。在听出对方的需求后，还要再向对方确认，如"所以您的意思是……""您是想……"。

（3）阐述观点

阐述观点看上去是一件很简单的事情，只要将自己的观点表达出来即可。但是沟通是双向的，我们不仅要表达观点，还要让对方能够理解并接收我们表达的观点，明白我们的意图。

为此，在阐述观点时我们需要做到以下 3 点。

①**阐述结论。**即"结论先行"，先阐述对方比较关注的核心内容。

②**描述细节。**阐述结论后，对方可能想了解详细的内容，这个时候就可以描述细节，让对方全面了解我们想要表达的内容，明白我们的意图。

③**向对方确认。**为了确保对方明白了我们的意图，观点阐述结束后，还应通过提问的方式确认对方是否准确接收到了我们表达的信息，例如"我是否已经说明白了？""对于我刚才说的事情，您还有什么疑问吗？"等。

（4）处理异议

在事前准备的环节我们提到过，沟通中难免会产生异议，为此在准备环节我们就要预估可能会发生的异议并设定应对措施。当沟通中出现异议的时候，我们可以采取准备好的应对措施，快速处理异议，推进沟通。

常见的处理异议的方法有询问法，如"所以您的建议是什么？"，还有转化法，如"如果是您，您认为怎么做比较好？"除此之外，还有很多处理异议的方法，具体要看因为什么问题产生异议。但是无论采取何种方法处理异议，我们都要做到以下几点。

①**不强迫。**沟通中出现异议的时候不要着急，不能强迫对方认同自己的观点，这样只会直接导致沟通失败。我们要做的是征求对方的不同意见，找出异议的原因，然后分析原因、解决问题。

②**尊重和理解。**沟通中产生异议很正常，所以我们要表现出对对方的尊重和理解。只有这样，才能让对方感受到我们愿意解决异议并继续沟通的态度。

③**不要试图强行说服对方。**如果遇到比较顽固的沟通对象，无论我们怎么解释都无法让他接受和理解我们的观点，不妨为沟通按下暂停键，不必想方设法地用各种数据、实例来证明对方是错的，我们才是对的。这种强行说服只会引发争论，除了浪费彼此的时间没有任何意义。所以，一定要避免让沟通陷入这种无意义的争论。当彼此都无法说服对方时，我们要从沟通目标、沟通双方的位置来决定

如何处理异议。如果是销售员和顾客，那么销售员就要学会向顾客妥协，根据顾客的意见尽快提出新的解决方案；如果是管理者和员工，那么员工就要学会向管理者适当妥协。无论是在工作中还是生活中，有效沟通的关键不是分出对错，而是存异求同。

（5）达成共识

在上一个"处理异议"的步骤中，我们强调沟通的关键不在于分出谁对谁错，而是存异求同，达成沟通目标。当我们抱着这样的态度，经过事前准备、确认需求、阐述观点和处理异议这些步骤后，我们和沟通对象基本就可以达成共识或者说达成协议了。但是，如果我们只是在心中自认为已经达成了共识，并且突然擅自结束沟通，沟通效果将大打折扣，甚至对方有可能因为我们这种敷衍的态度而生气，直接否定之前的沟通结果。

这个时候我们需要做的是再次确认共识，并向对方表达感谢、赞美。例如，"我帮您把这条裙子包起来吧？您穿着真的很漂亮。""我们就按照刚才说的计划推进工作吧。这次沟通让我看到了你身上有无限可能，我很看好你，加油！"，这样就相当于为本次沟通画上了一个圆满的句号。

运用金字塔原理进行沟通的步骤可以帮助我们在沟通中清楚地表达自己，达成沟通目标。但是沟通中的一些细节并不是固定的，我们需要根据沟通的实际情况确定具体的沟通内容，选择恰当的表达方式，这样才能应对不同性质的沟通和不同的沟通对象。

4. 如何有效说服他人

在工作和生活中，我们经常需要说服他人，让对方认同我们。但是说服不是强行要求对方认同自己，如"你必须听我的，就按照我的意见来做"，这样的说服不但无法让对方认同自己，反而容易让对方产生抵触心理，结果将适得其反。

那么，如何有效说服他人呢？我们可以采取以下几种策略。

（1）登门槛效应

心理学中的"登门槛效应"也称"得寸进尺"效应，是指一个人如果接受了他人的一个微不足道的要求，为了避免认知上的不协调，或者想给他人留下一个前后一致的印象，他有可能接受对方提出的更高要求。在说服他人时，我们可以试着运用这个效应，尽可能让对方一开始就说"是"。

小张是一家房地产公司的销售顾问，有一次客户李总来找他租赁办公室，小张简单地介绍了相关情况，客户说："我再考虑考虑。"

小张赶忙说："李总，您是不是还有什么顾虑？有什么顾虑您都可以跟我说，我会尽力帮您解决。"

李总说："我主要有两个问题。第一个问题是你们给出的价格相对我们的预算来说有些高，第二个问题是我们团队现在只有 10 个人，这个办公室的面积有些大。"

小张说："李总，我完全理解您的想法。您之前说你们是 ×× 公司的分部，业务才刚刚起步，所以你们需要控制成本。如果员工只有 10 个人，就要将现在的面积砍掉三分之二才比较合适，是吧？"

李总点点头，说："是的。"

小张继续说："据我了解，你们公司的其他分公司的发展速度都非常快。这样的话，你们现在的团队规模虽然只有 10 个人，但是很快可能扩大到 15 人、20 人，那个时候这个办公室的面积就不会浪费了。"

李总点了点头。

小张继续说："如果您现在租一间面积较小的办公室，团队扩大之后还需要重新换办公室，这也是一件费时费力的事情。而且，我相信你们一定是希望找一个固定且合适的办公场所，不希望经常换地址。"

李总说："是的，你说的没错，但是价格还是有点高，我们需要控制成本。"

小张说："您的顾虑很对，我们老板也经常这样让我们控制成本。但是这个成本是相对的，我们也要看它给我们带来的回报成不成正比。我选的这个办公室位置优越，离最近的地铁站距离不到 500 米，员工上下班会很方便。另外，各个办公区的采光、通风都很好，在这样的环境下办公，员工的工作效率也会比较高……我们要考虑成本，更要考虑价值，您说呢？"

李总说："的确是这样，那我们谈一下合同细节吧，今天就把合同签了。"

客户在说"我想想""我考虑"的时候，通常是没有什么意向，或者可以说对方已经在表示拒绝了。但是案例中的小张并没有放弃，而是利用心理学中的"登门槛效应"，让客户一直回答"是"，最终说服了客户。除了销售沟通中经常会用到"登门槛效应"说服顾客，在职场沟通中管理者也可以运用"登门槛效应"获得下属的支持和理解；在亲子沟通中父母也可以运用"登门槛效应"对孩子的小小进步表示赞扬，鼓励他向更高的目标迈进。但是，在使用这个技巧时一定要注意把握"度"，切不可"蹬鼻子上脸"。

（2）换位思考

最有效的说服一定是站在对方的角度，用对方的语言表达对方的需求和意愿。这就要求我们在沟通过程中做到换位思考，体验对方的心理，了解对方的表达习惯和沟通需求、意愿。

一位顾客想购买一款保湿精华液，但是店里展示的产品价格超出了她的预算。顾客犹豫不决，放下产品准备离开。这时，店员走过来说："您好，这款保湿精华液是我们品牌最近推出的新产品，保湿效果非常好。"

顾客说："我的确想买一款保湿效果较好的精华液，也比较信任这个品牌，但是这个产品价格有点贵，超出了我的预算。"

店员说："我非常理解您的心情，也认可您的说法，这个产品的价格的确不便宜。但是护肤品不能只看价格，主要还是看功效。这个产品的功效可以帮助您改善目前的肌肤问题，还可以维护肌肤的稳定性。"

顾客沉思了一会儿说："是的，主要看产品能不能解决我当前的问题，那我先买一瓶试试吧。"

换位思考能够帮助我们站在对方的角度看问题，可以更加了解对方，知道对方想解决什么问题，需求是什么，然后就可以用帮助对方解决问题，满足对方需求的方式说服对方了。这种为他人着想的说服方式，较容易被对方接受。

（3）稀缺法则

稀缺法则是指稀缺会给人的心理带来恐慌。人们对失去某一件东西的恐惧，要比获得同一件物品的渴望更能激发他们的行动力。

一项研究发现，当医生仅仅向人们强调定期体检带来的好处时，宣传效果并不理想。但是当医生强调如果不定期体检可能给患者带来一些不可挽回的损失的时候，人们更加容易被说服，并会定期体检。这项研究证实了稀缺法则的说服力。

> 例如，某培训机构的员工向客户推荐课程的时候说："这个课程现在的优惠活动是今年的最后一波，原价是 688 元，活动价是 388 元，3 天后就会恢复原价。"顾客听到后可能会产生"不买就亏了"的心理，进而快速做出购买决定。

以上介绍的是常用的说服他人的方法，但是在实际沟通中说服他人的方法远不止这些，具体应采取什么样的方法说服他人还应根据沟通对象以及实际沟通情况而定。关键在于说服他人的时候要以"尊重对方"为第一原则。

5. 如何赞美、表扬他人

知名心理学家威廉·詹姆斯（William James）曾说："在人类天性中，最深层的本质是渴望得到别人的重视。"在沟通中也是如此，只有当对方感到被重视时，他们才愿意倾听和表达，沟通才能顺利进行下去。那么在沟通中如何才能让对方感到被重视呢？答案是赞美、表扬对方。但是，如果赞美、表扬的方式和方法不当，很可能让对方误会你在溜须拍马、曲意逢迎，给对方造成不适感。这种情况下，沟通将很难顺利进行下去。

那么如何赞美、表扬他人呢？如图 3-4 所示。

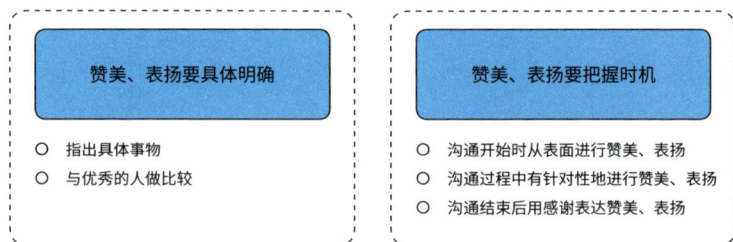

赞美、表扬要具体明确	赞美、表扬要把握时机
○ 指出具体事物 ○ 与优秀的人做比较	○ 沟通开始时从表面进行赞美、表扬 ○ 沟通过程中有针对性地进行赞美、表扬 ○ 沟通结束后用感谢表达赞美、表扬

图 3-4　如何赞美、表扬他人

（1）赞美、表扬要具体明确

英国著名哲学家弗朗西斯·培根（Francis Bacon）曾说："即使是真诚的赞美，也必须恰如其分。"这里的"恰如其分"是指赞美、表扬他人时说的话要具体明确，不要用笼统含糊的字眼。赞美、表扬得越具体明确，越能让人觉得你真诚、贴心，越能促进沟通。反之，如果赞美、表扬时使用笼统含糊的字眼，很容易让对方感觉这是礼貌性的应酬话，让他们难以接受。

那么赞美、表扬他人时如何做到具体明确呢？我们可以从以下几个方面入手。

①指出具体事物

指出具体事物主要适用于表面的赞美、表扬。我们可以从对方的长相、穿着打扮、身材、气质、发型等方面发现对方的优点，然后给出具体的赞美、表扬。

例如，与客户交流的时候我们不能只泛泛而谈地说："哇，你今天好漂亮！"而应当具体地赞美："你今天打扮得很时尚，尤其是今天背的包，颜色和质地都非常符合你的气质。"

②与优秀的人做比较

赞美、表扬一个人时要将对方与相似的优秀的人做对比，这种赞美、表扬也是具体明确的。

> 例如，赞美他人的文化修养很高的时候，可以说："与您聊天的感觉就像对面坐的是大文学家 ××。"领导表扬新员工的时候可以说："你的这项任务完成得非常好，与老员工有得一拼。"

需要注意的是，用来做比较的这个人的形象一定要是正面的，且是被大众熟知和认可的，否则很可能出现尴尬的局面。

总结来说，赞美、表扬要具体明确，要求我们在赞美、表扬他人时做到言之有物，不要只停留在赞美、表扬的表层，要进一步告诉对方为什么赞美、表扬他。

（2）赞美、表扬要把握时机

有效的赞美、表扬一定是在时机恰当的时候给出的，这样才会让对方觉得你是真的看到了他的优点而赞美、表扬他，不是虚假的赞美、表扬。

什么是恰当的时机呢？

①沟通开始时从表面进行赞美、表扬

沟通开始时赞美、表扬对方可以拉近彼此之间的距离，促进沟通顺利地进行。沟通开始时可以从表面进行赞美、表扬对方，比如对方的气色、身材、穿着打扮等。

②沟通过程中有针对性地进行赞美、表扬

沟通的过程中我们要抓住对方提到的某些具体物品和事项进行有针对性的赞美、表扬。

> 例如，对方讲到自己的成就时，其实就是对方自己在内心赞美、表扬自己的时刻，这个时候如果我们再给对方一些赞美、表扬，那么就是锦上添花，会让对方开心。

③沟通结束后用感谢表达赞美、表扬

无论沟通目的是否达成，在沟通结束时都应当用感谢的方式来表达对对方的赞美、表扬。

> 例如，感谢您百忙之中和我见面，和您聊天非常愉快，您真的是一个非常亲切的人，期待我们下次相见。

赞美、表扬他人其实并不难，只要在沟通中认真观察、倾听，就能发现对方身上的闪光点，这个闪光点就是我们可以赞美、表扬对方的地方。然后，我们具体地描述对方身上的闪光点，给出真诚的赞美、表扬即可。

6. 如何批评他人

相比在沟通中说服、赞美、表扬他人，大多数人会认为在沟通中批评对方是一件很难的事，因为很少有人愿意接受别人的批评。人们很容易认为批评就是责骂与责怪，然而实际上批评并不等于责骂与责怪。正确的批评能够让对方认识到自己的问题，对方很可能因此感谢你，沟通也就能顺利进行下去了。所以说，批评是一门学问，我们应当掌握正确的批评方法。

（1）不要进行人身攻击

我们在批评他人时千万不能对他人进行人身攻击，这样会让对方厌恶你，甚至直接导致沟通失败。

> 例如，快下班的时候领导走过来和员工说："你做的这份调研报告写的都是什么？概念模糊不清，找不到重点，简直就是在糊弄我。我怀疑你的智商有问题！"

一般情况下，员工听到这种带有人身攻击的批评只会感到生气、沮丧、委屈，进而没有动力修改报告。一些员工甚至会"破罐子破坏"，直接辞职不干了。其实领导与员工沟通的目的是希望员工可以更好地改进方案，而不是为了让员工伤心、难过，甚至激怒员工。所以，批评他人时一定不能进行人身攻击，而要描述对方具体做得不好的地方。

> 例如，"这份调研报告还存在一些问题需要你再认真、细心地修改和优化一下。首先，报告的调研对象要描述得更详细一些；其次，调研报告的结构要调整一下，现在的结构有点混乱，没有重点……很抱歉，可能要耽误你下班的时间，但整体问题不是很大，相信你很快就可以搞定。"

同样是批评，但是上述的表达描述了员工的具体行为，能够让员工明确自己哪里做得不好，进而能够虚心接受批评并改正。正确的批评是要描述对方具体做得不好的地方，切忌进行人身攻击。

（2）不要带入个人情绪

批评他人的时候一定要就事论事，不要带入个人情绪，否则对方会认为你将他当作自己情绪的宣泄口，进而不愿意与你继续沟通。

> 例如，员工 A 与员工 B 合作完成某项目。
>
> 员工 A 就项目执行过程中产生的某个问题与员工 B 沟通："这个问题你怎么能搞错呢？太粗心了！你能不能认真

点？今天早上我刚被领导骂了一顿，我可不想因为这个问题又被领导骂。"

员工 B 听完后并没有说话，而是继续埋头做自己的工作。

当员工 A 带着个人情绪与员工 B 沟通时，即便员工 A 的批评是正确的，员工 B 也会认为员工 A 是在发泄情绪而故意为难自己，进而不愿意与员工 A 沟通，更不会正视并改正自己的问题。所以，在批评他人时一定要保持平和的心态，不能带入个人情绪。

（3）不要在公开场合批评

公开场合批评他人很容易让对方认为自己失了颜面，没有受到尊重。这种情况下，对方根本听不进去你的批评，还很可能激发对方的逆反心理。所以，批评他人时一定不要在公开场合，例如领导批评员工的时候可以选择在自己的办公室或者选择其他员工都不在场的时候。

（4）不要"揭旧伤疤"

正确的批评一定是就事论事，不"揭旧伤疤"，否则很容易让对方感到不舒服，认为你一直抓着他以前犯过的错误不放。这种情况下，对方通常不愿意与你继续沟通。

> 因为某项目进度太慢，领导批评员工说："上次你负责的那个项目的进度就已经很慢了，这次又出现这样的问题，你到底有没有能力做好这份工作！"
>
> 员工反驳道："上次那个项目是因为出了问题，我早就向您反馈了，但是您没有时间和我沟通解决方案，这才拖慢了进度的。"
>
> 领导生气地说："所以你的意思是上次的问题全在我？那这次呢？你自己回去好好想想。"
>
> 员工气急败坏地走出办公室。

　　领导与员工的沟通因为"揭旧伤疤"而变成了一场争执，领导并没有点明员工的问题是什么，员工也没有认识到自己哪里做得不对，这种批评是无效的。所以，在批评他人时一定不要"揭旧伤疤"，一方面"揭旧伤疤"容易伤害对方的自尊，会让对方心情低落，甚至产生逆反心理，这两种心理都不利于沟通的继续；另一方面"揭旧伤疤"容易将沟通的重点转移到过去的事情上，不利于达到本次沟通的目的。有效批评的核心在于聚焦要批评的事情本身。

（5）不要拖延时间

批评也有一定的时效性，最好是在问题发生时或者问题发生后的一周内立即与对方沟通。一定不能等问题发生半个月、一个月后再批评对方，这样会让对方觉得你是在故意刁难他。更不要将所有的问题都堆积到一起再批评他人，这样会给对方带来巨大的压力和打击。

同时，批评的时间不宜过长也不宜过短。批评的时间过长难免会显得啰唆，让对方感到厌烦；批评的时间过短会让对方觉得无所谓。批评的时间过长或过短都会导致批评的效果降低。

（6）不要只说哪里错了

正确的批评不是只指出对方存在的问题，而是要告诉他哪里做得不对以及解决问题的方法。

> 例如，"你现在的问题是时间管理意识不强，我建议你制订一个时间管理计划表，将事项按照轻重缓急分类，然后积极去执行。"

这种指出问题的同时告诉对方解决问题的方法的做法，才能让批评产生积极的作用。

（7）不要只顾批评，吝于赞许

在批评他人前说一些赞许对方的话，创造一个和谐、轻松的氛围，更利于展开接下来的批评工作，这也就是我们常说的"先礼后兵"。

> 例如，"我知道你为这个方案花了不少时间和心血，希望把这个方案做得更加完美，但是……"

除了在批评开始前赞许对方，在批评结束后还应对对方表示鼓励，引导对方积极行动起来，正视批评、改进问题，达到沟通目的。

> 例如，领导批评完员工后说："我们是一个团队的，有什么问题我会帮助你一起解决。我相信以你的能力一定可以快速解决这些问题，加油。"

正确的批评可以让对方认识到自己的问题并积极采取行动改进问题，这就是批评的艺术。为了提升沟通效果，达到沟通目的，我们应当认真研究并掌握这门艺术。

7. 如何拒绝他人

有效沟通不代表要全盘接收对方表达的内容，在面对对方不合理的请求时，我们也要果断拒绝对方。拒绝与批评一样，也是一门艺术，只有正确地拒绝才能让沟通顺利进行下去。

那么如何正确地拒绝他人呢？

（1）换位思考，表示理解对方的处境

如果你打算拒绝他人，最好不要在对方说完请求后就立即拒绝，这样会让对方感到难受、失望，不利于沟通顺利地进行。我们可以在表示拒绝之前，先换位思考，表示理解对方的处境。

> 例如，"我知道这次你们很有诚意，想跟我们合作……但是……"

先表示理解对方的处境，然后再说拒绝以及拒绝的理由，这种表达方式会让对方觉得你很通情达理，也很真诚，从而更容易理解和接受你的拒绝。

（2）先自我诉苦，减少拒绝让对方产生的不快

在拒绝他人之前，如果我们先自我否定或者自我诉苦，

会让对方意识到我们的难处，认为我们的拒绝是不得已为之的，从而放弃自己的请求。

> 某天快下班的时候，张强跟李伟说："明天早上你帮我把这个文件送给客户，我明天早上还有其他事。"
>
> 李伟说："那我恐怕要变成哪吒才行了！明天早上我不仅要帮领导写一份会议通知，还要在 10 点之前布置好会议室……"
>
> 张强打断了李伟，说："既然如此，我还是再想想别的办法吧。"

（3）"缓兵之计"，用拖延法拒绝

有的时候面对对方一而再再而三的请求，我们很可能会不好意思拒绝，但是我们的内心又十分抗拒这样的请求。这个时候我们可以使用缓兵之计，用拖延法拒绝。

> 例如，同事约你周末一起去爬山，但是因为平时工作太累，周末你只想在家休息，这个时候你可以说："最近工作太忙了，周末我只想待在家休息，以后有机会的话，再一起爬山吧。"

"以后有机会的话"是一句非常模糊的话，并没有明确说具体什么时候。这种委婉的表达方式既给足了对方面子，又达到了我们拒绝的目的。

拒绝他人其实并不难，拒绝的方式也有很多，关键在于我们能不能正确认识"拒绝"，能不能突破自己的心理防线，让自己轻松地拒绝他人。我们要知道"拒绝"只是一种选择，没有对错，所以不要在想拒绝他人时不好意思开口。很多时候，懂得拒绝是对自己负责的一种表现，更是对他人负责的一种表现。

8. 如何进行有效提问

有效提问要求我们在沟通时能够用正确的态度问出正确的问题。这就要求我们必须了解提问的形式和提问的态度。

（1）有效提问的两种形式

提问主要分为封闭式提问和开放式提问两种形式，要做到有效提问首先应掌握提问的这两种形式。

①封闭式提问

封闭式提问是指回答者不需要展开叙述来回答问题，只需回答"是""不是""可以""不可以"等，从而帮助提问者明确某些问题。

例如，"会议结束了吗？""你喜欢现在的工作吗？""你还有其他问题吗？"

封闭式提问的使用场景如图 3-5 所示。

想要更准确地传递信息时

想要明确问题时，封闭式提问可以用来澄清事实、获取重点、缩小讨论范围

在对方偏离沟通的主题时，用封闭式提问可以引导对方回到主题

图 3-5　封闭式提问的使用场景

在沟通中，通常不建议过多地使用封闭式提问，因为封闭式提问会让对方陷入被动的回答中，其自我表达的愿望和积极性会受到压制，从而产生压抑感和被审讯的感觉，这种感觉会阻碍沟通顺利进行。

②开放式提问

开放式提问与封闭式提问是相对的，是指提出比较概括、广泛、范围较大的问题，对回答的内容限制不严格，通常会给对方充分自由发挥的空间，答案可以是多种多样的。开放式提问通常会用"什么""为什么""怎么"等词提问。

例如"会议是如何结束的？""你喜欢工作中的哪些方面？""你有什么问题？"

开放式提问的使用场景如图 3-6 所示。

想拉近沟通双方之间的心理、情感距离时

想了解某个问题的细节时

想了解对方的观点和想法时

图 3-6　开放式提问的使用场景

开放式提问对细节有一定的要求，即要求在对方回答问题时我们要认真倾听并给予反馈，如点头或者回答"是的""对"，以鼓励对方继续表达。

封闭式提问和开放式提问的效果没有好坏之分，它们只是两种不同的提问形式。我们通常建议将封闭式提问和开放式提问结合使用，这样效果会更好。例如，用开放式提问开头来营造轻松的沟通氛围，然后用开放式问题获取更多的信息，最后用封闭式问题锁定特定问题。

（2）有效提问的正确态度

除了要掌握提问的两种形式，为了确保提问的效果我们还应注意提问的态度。

①避免多重问题

多重问题是指一个问题中同时提问了两件或两件以上的事情。

> 例如，"能说一下你对项目 A、项目 B 有什么看法和建议吗？"

这个问题就是一个多重问题，里面包含了"你对项目 A 有什么看法吗？""你对项目 A 有什么建议吗？"和"你对项目 B 有什么看法吗？""你对项目 B 有什么建议吗？"4 个问题。

提出多重问题很容易给对方造成压力，还会导致对方无法厘清思路，不知从何说起，最后只能想到哪个问题就回答哪个问题，导致整个表述逻辑不清，回答不深入。这种提问是无效的，无法帮助我们获取更多的有效信息。因此，我们在提问之前就要想清楚提问的主次顺序，最好列出一个问题列表，然后一个一个地提问。

②多运用中性语言提问

带有倾向性的问题容易干扰对方的思路，导致我们无法获得真实的信息。

> 例如，领导问员工："你非常赞成这个方案，对吗？"

这个问题就带有倾向性，提问者已经提前帮对方做出了选择，只等对方给出肯定的回答。一些不好意思反驳领导的员工，很可能会顺着这个提问回答"对的"，但实际上他们并不赞成这个方案。这种提问就是无效的。

所以，问题的表述不能带有倾向性，应使用中性的语言进行提问。

> 例如，"你赞成这个方案吗？""你对这个方案有什么更好的建议吗？"

这些问题的表述就比较中立，不会影响对方作答，有利于提问者获取真实有效的信息。

③避免审讯

在提问时一定要注意的是避免将提问变成审讯。一旦让对方感觉你不是在沟通，而是在审讯他，你就很难达成提问的目的。

如何避免将提问变成审讯呢？首先，不要连环发问，更不要用"为什么"这个疑问词连环发问，这样会给对方造成压迫感，让对方觉得你在审讯他。同时，要注意聆听和反馈，让对方意识到你的提问很真诚，你想听听他的想法。

如果你真的有很多问题要问，也不要一次性问完，可以根据问题的性质在合适的时机分多次提问。例如，在谈论到方案的时候，你可以询问对方对方案的意见；在谈论到公司发展时，你可以询问对方公司的发展情况。当然，如果问题确实比较集中，那么可以先征求对方的意见，例如，"关于你谈到的这一点，我有几个问题想要询问一下，您是否方便呢？"这样做会让对方感觉到自己被尊重、被重视，也就不会产生被审讯的不适感了。

沟通中提出的问题通常不会得到错误的答案，只有没提对的问题。所以，为了促进沟通顺利地进行，我们应当掌握提问的技巧，注意相关注意事项，用正确的态度提出正确的问题，从而获得想要的信息。

9. 如何与不同性格的人沟通

我们可以将人的性格特征大致分为 4 类，分别为谨慎型、沉默型、不善交际型和撒谎型，如图 3-7 所示。

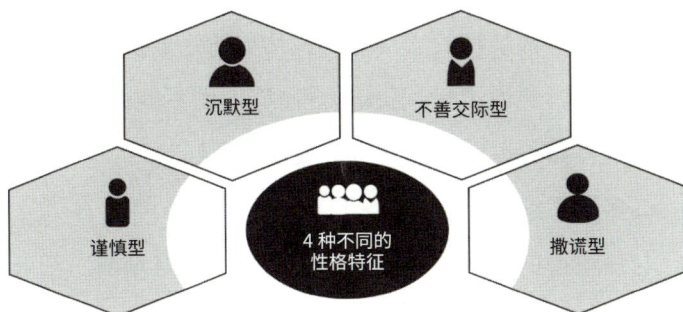

图 3-7　4 种不同的性格特征

（1）与谨慎型的人沟通的技巧

谨慎型的人往往思虑周详、小心谨慎、事无巨细，对细节比较敏感。与谨慎型的人沟通时，我们可以采取以下 3 种方法。

①增强信任感，拉近距离

谨慎型的人比较敏感，尤其是在陌生人面前，但是一旦与他们建立了信任关系，他们便会放松心情，真诚地与你沟通。所以在与谨慎型的人沟通时，我们应该增强彼此间的信任感，拉近彼此间的距离。例如，"你说的这家公司我之前也深入了解过，我与你的想法是一样的，我也非常认可这家公司的运营模式"。

②说话要斩钉截铁，不能模棱两可

谨慎型的人容易过度揣测他人的话，这种揣测可能是对的，也可能是错的，但是无论对错，一旦你说的话引发了对方的揣测，很可能会导致他对你的信任度降低，沟通不顺利。所以，与谨慎型的人沟通时说话要斩钉截铁，不能模棱两可。例如，要说"好，我认为可以"，而不能说"也行吧，其实不这样做也可以，这样做也没什么不好"。

③多注意细节

与谨慎型的人沟通时，我们要做到多注意细节。细节体现在沟通的各个环节，比如准备详细的沟通资料、选择舒适的沟通环境、关注对方沟通时的情绪等。

（2）与沉默型的人沟通的技巧

沉默型的人性格比较温和、冷静，愿意听取别人的意见，但他们很少会主动发表意见。与沉默型的人沟通时需要积极主动，我们可以采取以下 4 种方法。

①多运用开放式提问

使用前文提到的开放式提问可以拉近彼此间的心理和情感距离，让对方愿意自由地发表自己的想法。在与沉默型的人沟通时便可以使用开放式提问，营造一个轻松的沟通氛围，让对方主动积极地思考并回答问题，从而打开对方的话匣子。

> 例如，"对于这次的工作任务你有什么看法？"

这个时候对方就不得不围绕这个问题展开思考，并给出答案。相对于封闭式提问而言，开放式提问需要对方表达的内容更多，更利于他们打开心扉，促进沟通顺利地进行。

②多互动

与沉默型的人沟通时一定要多互动，调动对方的积极性，让对方愿意积极地参与沟通，并表达自己的想法。例如，可以在沟通的过程中讲一些趣事或者玩一些小游戏。但要注意的是，沟通一定不能偏离主题，否则即便调动了对方的积极性，意义也不大。

③表示关心

对沉默型的人要多表示关心，这样有利于打开对方的心扉，让对方愿意表达自己。例如，"我非常理解你的感受，你有什么需要帮助的可以跟我说""我知道当时你一定很难过，现在好一些了吗？"……这其实就要我们在沟通时设身处地为对方着想，关心对方。当对方感受到这种温暖时，会慢慢地打开自己的心扉，并表达自己。

④表示好奇

当我们对他人的事情比较好奇时，通常对方就会告诉我们这件事的具体情况。在与沉默型的人沟通时，我们可以通过表示好奇激发对方的表达意愿。例如，"我一直对这个问题非常感兴趣，没想到你在研究这个问题，可以听一下你的想法吗？"。

（3）与不善交际型的人沟通的技巧

不善交际型的人通常沟通能力较差，性格内向，有想法但不敢表达。

与不善交际型的人沟通时我们可以采取以下两种方法。

①耐心的引导

在与不善交际的人沟通时，我们一定要耐心引导对方进入沟通的主题，然后围绕主题展开深入交流。通常可以用提问的方式引导，比如"你对这件事怎么看？""你想表达的意思是……，对吗？"。

②**真诚的态度**

不善交际的人在沟通时通常比较胆怯、放不开，这就需要我们用真诚的态度，放慢沟通的脚步，给对方多点时间慢慢思考、慢慢说。切忌不能因为对方沟通能力较差而对对方失去耐心，这样只会直接导致沟通失败。

（4）与撒谎型的人沟通的技巧

撒谎型的人性格特点是自怜、爱幻想、多疑、骄傲，他们表达的时候常用一些抽象、梦幻的比喻，人们经常听不出其中的隐喻。与撒谎型的人沟通时我们可以采取以下3种方法。

①**长时间交流**

与撒谎型的人沟通时应多花时间，这样才能深入了解、洞察对方，从而判断对方所表达的内容是什么意思。

②**避免公共场合**

越是在公共场合沟通，撒谎型的人越喜欢掩饰自己，说一些含糊其词的话。为此，我们一定要避免在公共场合与这种性格的人沟通，要让对方放下多疑的情绪，表达真实的想法。

③倾听为主

撒谎型的人喜欢表达，那么我们要做的就是多倾听。无论对方表达的是幻想还是真实的想法，都不要打断对方的话。当我们认真倾听对方的表达后，对方能感受到我们的真诚、尊重，进而会放下内心的戒备，表达自己的真实想法。

人的性格是多种多样的，以上只是常见的几种性格，但是无论遇到什么性格的人，我们要做的都是了解对方的性格特征，然后"对症下药"，这样才能取得事半功倍的效果，达到沟通的目的。

金字塔原理在演讲中的应用

CHAPTER 4

金字塔原理能够帮助演讲者清晰地组织思想、表达思想，提升演讲效率，达到演讲目的，因此金字塔原理在演讲中的应用也越来越广泛。

1. "3C 原则"：演讲、发言前的准备工作

金字塔原理强调在写作或表达时要定主题、定对象，并且内容要做到掷地有声。这些原则同样适用于演讲、发言，在演讲、发言中具体表现为"3C 原则"，如图 4-1 所示。

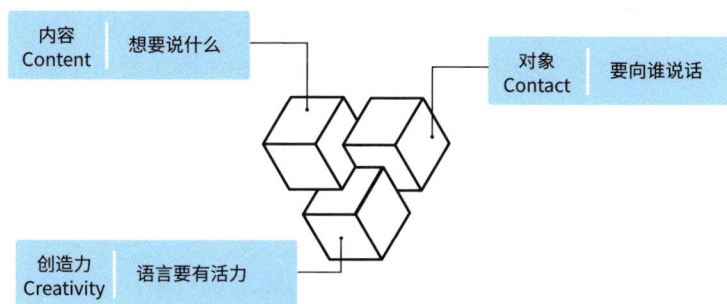

内容 Content　想要说什么

对象 Contact　要向谁说话

创造力 Creativity　语言要有活力

图 4-1　演讲、发言中的"3C 原则"

（1）内容（Content）：想要说什么

写作者自上而下搭建金字塔结构时，首先要定主题，即要确定这篇文章要讨论什么主题和哪些内容。演讲、发言也是如此，在演讲、发言之前演讲者也要定主题，确定想要说什么内容。

演讲者在定主题时通常要根据两种不同的情况采取不同的方法。

第一种情况是演讲者明确知道要说什么主题，表达什么内容。例如，领导要求销售部门主管在年终会议上发表关于"××产品研发"的主题演讲，这种演讲的主题就是明确的。演讲者不需要花时间去定主题，只要围绕主题表达相关内容即可。

第二种情况是演讲者没有想清楚自己要说什么，那么这个时候就需要运用金字塔原理的自下而上法确定主题和想要说的内容。关于金字塔原理的自下而上法在第2章第1节中已经做了具体介绍，演讲者可以参考并应用。

（2）对象（Contact）：要向谁说话

在演讲、发言之前，演讲者要明确听众对象，即要搞清楚是面向谁演讲、发言，是说给谁听的。演讲者只有明确听众对象，才能做到有的放矢，说听众想听的，激发听众的兴趣，留住听众。

那么，演讲、发言之前如何确定听众对象呢？

①确定听众是谁

通常情况下，在演讲、发言之前演讲者都会知道要对谁说话。例如，演讲主题是"大学生职业生涯规划"，那么来听演讲的大多数人是即将毕业的大学生；如果是会议中的临场发言，听众就是出席会议的所有人。

②对听众对象进行深入分析并描绘画像

确定听众是谁，只是初步锁定人群，如大学生、退休人员、职场人士。为了做到真正意义上的有的放矢，吸引听众，演讲者还需要对听众对象进行深入分析，描绘画像。例如，听众的年龄分布集中在25~34岁，主要兴趣为时尚知识，女性听众居多。听众画像描绘得越细致越利于演讲者设计符合听众需求的演讲、发言的内容和形式，越能促进演讲、发言成功。

确定了听众对象后，演讲者在演讲之前做的任何准备都要以听众为中心。因为只有满足了听众的需求，才能激发听众的兴趣，吸引他们认真听讲。

（3）创造力（Creativity）：语言要有活力

金字塔原理的 TOPS 原则中的一个原则是"掷地有声"，强调的就是语言要有活力。演讲、发言中这一点更重要。因为在演讲、发言中运用有活力的语言才能更好地调节现场的气氛，调动听众的积极性，让演讲顺利地进行，以达到预期的效果。

在演讲、发言中如何使语言有活力呢？演讲者可以从以下几个方面提升语言的活力。

①言简意赅，语言精练

表达过于啰唆、拖沓就会显得语言没有活力，因此要想语言有活力就要求演讲者在表达时做到言简意赅、语言精练。

②使用个性化语言，力求通俗易懂

有活力的语言一定是有特色、能够引起听众注意且能够让听众听得懂的语言。因此，演讲者在表达的过程中可以使用一些个性化且通俗易懂的语言。例如，可以用一些热度高的网络用语。但是在使用这些网络用语的时候也要注意听众的特征，如果听众是老年人，那么则不宜用网络用语，而可以选择一些比较有趣的歇后语。总之，个性化语言是相对的，不能为了有趣而滥用个性化语言。

③坚定自信，幽默风趣

要想语言有活力，演讲者在表达时就要做到坚定自信，字字铿锵有力，这样才能展现出自信，表达出语言的活力。同时，演讲者还应当幽默风趣地表达，用幽默的方式表达观点、想法，这样不仅能够活跃气氛，让听众记住自己，也能够提升语言的活力。

④配合肢体语言

演讲者在表达时使用合适的肢体语言也可以增强语言的活力。例如，说到比较振奋人心的事情时可以摆动手臂。

优秀的演讲、发言一定是"对症下药"，充满活力的，即在演讲、发言之前必须明确要讲什么内容，对谁讲以及如何让语言更加有活力。做好了这几个方面的准备工作，演讲、发言就成功了一大半。

2. POP 结构：情况、选择、建议

金字塔原理的核心思想之一是运用结构化的思维写作和表达，为了提升演讲效果，演讲者在演讲时也要学会运用结构化思维表达。POP 结构是演讲中常见的一种结构化思维，演讲者在演讲时可以运用这种思维结构清晰地传递观点和思想。

> **POP 结构：**
>
> P（Position）：情况。
>
> O（Options）：选择。
>
> P（Proposal）：建议。

POP 结构其实就是写作或表达中常见的总分总结构，即先介绍大致情况，然后介绍具体内容，最后给出建议。这样的结构逻辑严谨，利于读者或听众理解、记忆写作者或演讲者所传递的信息。

某企业因为发展迅速，从原来的 20 人团队发展为现在的 30 多人团队，因此原有的办公室面积不够用了。于是领导安排行政部主管寻找更加合适的办公室。行政部主管一共寻找了 3 间办公室，准备向领导请示最终应该选择哪一间办公室。

行政部主管向领导请示道："我一共寻找了 3 间办公室，东区、西区、南区各 1 间。东区的户型好，西区的采光好，南区的交通便利。但是南区的价格有点高，东区的话采光没有西区好……"

这个时候领导可能会打断行政部主管的讲话，问道："所以你的重点是什么？"即便领导不打断行政部主管的讲话，也会在行政部主管讲话结束后提出这样的疑问："所以应该选择哪一间比较合适呢？"这种工作汇报就是无效的。

上述案例是工作中常见的一种发言形式，行政部主管如果采用 POP 结构向领导汇报工作以确定方案，会发现效果完全不同。

①介绍大致情况

正式开始演讲或发言前，应先介绍大致情况，也就是金字塔结构中的"结论先行"。

> 行政部主管向领导请示方案时可以说："根据我们的实际情况和需求，我找到了3间比较符合我们办公需求的办公室，分别位于东区、南区、西区。"

这种表达让领导一开始就了解了这件事的大概情况，明确了这次请示的重点内容，进而有兴趣继续听下去。

②给出选择方案

了解了大致情况后，领导可能会提出这样的疑问："所以我应该怎么做呢？"在介绍金字塔原理的时候我们提到过，金字塔结构其实就是不断回答读者或听众提出的疑问，直到对方没有疑问为止。在演讲时，当听众知道了大致情况尤其是问题后，会迫不及待地寻找答案。因此，在介绍相关情况后，演讲者就要给出答案。在没有明确答案的时候，我们要做的是给出选择方案。我们要知道，比起问答题，听众更愿意做选择题。尤其演讲、发言的对象是上级领导时，更是如此。

上述案例中因为行政部主管给出的方案有3个，是不确定的，所以行政部主管可以先详细介绍这3个方案，让领导来选择。

> "东区办公室的户型较好，便于我们划分部门，缺点是采光一般；南区的办公室采光较好，周边环境也好，交通方便，缺点是一个月的房租比其他区的高出 600 元；西区的办公室采光较好，周围办公环境也好，缺点是位置比较偏，可能会导致一部分员工的通勤时间加长。"

演讲者在给选择方案的时候也要遵循金字塔原理的逻辑顺序，如上述案例中的逻辑顺序是空间顺序，这样更便于领导理解和记忆。

③给出建议

给出了选择方案后，演讲者可能认为只要等待对方选择即可。但是听众这个时候其实更想听演讲者的建议，因为演讲者是最了解这件事情的人。

所以上述案例中，行政部主管在给出 3 个选择方案后，还应进一步给出建议。

> "相比较来说，我认为南区的办公室比较合适。据了解，同事们都希望在一个采光好、环境好、交通便利的办公场所里办公。对比之后，南区的办公室更符合员工的需

求。虽然南区办公室的租金比其他区的高，但是这个价格也在我们的预算范围内。"

这样一来，领导心里就明白了，即便他最后没有选择南区的办公室，你这次的工作汇报也是成功的。

POP 结构不仅适用于工作方案的请示，也适用于其他场合的演讲、发言。具体在什么时候使用 POP 结构，应该根据演讲、发言的具体内容而定，如果内容是针对具体情况给出建议，那么选择 POP 结构展开演讲、发言更合适。

3. PREP 结构：观点、理由、举例、观点

PREP 结构也是常见的一种结构化思维，在演讲、发言中的运用较为广泛。

PREP 结构：

P（Point）：观点。

R（Reason）：理由。

E（Example）：举例。

P（Point）：观点。

PREP 结构和 POP 结构相近，同样是总分总结构，但比 POP 结构表达的内容更加完善。PREP 结构是首先表达观点，再给出自己的理由，然后举例佐证自己的观点，最后再次强调观点。大多数人在写作的时候喜欢使用这种结构，这也是效果较佳的演讲、发言结构。

> 某场主题为"思考"的新书发布会上，作者要向在场的观众推荐新书。
>
> 作者说："我认为思考非常重要，所以这本书是围绕'思考'展开的，可以帮助大家更好地思考……"

作者介绍完后，观众可能会产生很多疑问，如"为什么思考非常重要？""我为什么要认同你的观点？""有什么证据可以证明思考非常重要？"等等。一旦观众产生诸如此类的问题，就表明该作者的发言没有信服力和说服力。这样的发言就是失败的。

（1）如何应用 PREP 结构演讲或发言

如果该作者可以运用 PREP 结构在新书发布会上推荐新书，会更具有说服力。

①抛出观点

这一步是金字塔原理中的"结论先行"，即先简明扼要地抛出自己的观点，作者要让观众知道自己的核心观点是什么。

> "每个人都想知道我们的大脑是如何思考的，只有知道了这一点，我们才能更好地运用大脑，帮助我们解决生活、工作中遇到的各种问题。"

②给出理由

了解观点后，观众可能会产生这样的疑问，如"为什么这么说呢？""我为什么要认同你的观点呢？"等。只有回答了观众的疑问，他们才会认真倾听接下来的内容，所以接下来作者就要回答观众脑海中的疑问，即给出支撑观点的理由。

> "了解自己的大脑是如何思考的，掌握大脑思考的原理，能够帮助我们更好地驾驭、控制自己的行为。当我们能驾驭、控制自己的行为时，生活、工作中的很多事情就能迎刃而解……"

③举例证明

有些时候给出理由未必一定能说服对方，为了进一步佐证自己的观点，我们还需要举例证明。

> "前段时间我和一个客户商量合作事宜，我们互相介绍

了彼此的情况后，双方都有比较强的合作意愿。但是在谈到价格的时候，对方支支吾吾，还对合同事项提出了一些意见。这个时候我并没有打退堂鼓，因为我知道对方是怎么思考的，也许他对合同并没有太大的意见，关键是价格的问题。于是我继续跟他沟通，表示合同条款可以继续优化，价格也好商量。然后我们围绕价格进一步进行了交谈，最后成功签订了合同。"

④再次强调观点

为了加深观众对观点的记忆和理解，作者最后应再次强调观点。

"知道大脑是如何思考的，我们才能更好地思考。积极运用大脑来解决问题，成就自己。"

从上述案例中可以看出，PREP 结构是一个较完善的结构，能够清晰地表达观点，加深观众的记忆。所以，演讲者可以根据演讲内容选择 PREP 结构展开演讲。

（2）应用 PREP 结构时的注意事项

为了强化 PREP 结构的表达效果，演讲者在使用 PREP

结构时还应注意以下几点。

①观点要新颖、独特

新颖、独特的观点才能吸引听众，让听众产生疑问，并愿意继续聆听下去，寻找答案。为此，演讲者抛出的观点一定要新颖、独特。这就要求演讲者做好准备工作，全面收集演讲素材，总结出新颖、独特的观点。

②理由一定要充分

理由越充分越具有说服力，越能说服听众认同演讲者的观点，并愿意继续聆听。通常建议围绕观点给出两个以上的理由，这样更具有说服力，给出的理由可以按照金字塔结构中的重要性顺序阐述。

③举例要真实、恰当

演讲者举例佐证自己的观点时，一定要确保举例是真实的，而不是为了佐证自己的观点而杜撰的信息。杜撰的信息经不起推敲，一旦听众认为这些例子不真实，他们甚至会全盘否认你在演讲中提到的所有观点。同样，演讲者也要确保案例的恰当性，即案例要与表达的内容相关，不能为了举例而举例。

4. 如何做好工作汇报

知名作家马克·H.麦考梅克 (Mark H.McCormack) 曾这样

评价工作汇报：对于领导而言，谁能汇报好工作，谁就在努力工作；相反，谁工作汇报得不好，谁就没有努力工作。在实际工作中，做工作汇报的确是一项非常重要的工作，领导需通过工作汇报了解员工的工作情况并做下一步的工作安排。但是，很多人还不知道如何做工作汇报，每次的汇报都令领导找不到重点，一头雾水。那么，如何做好工作汇报呢？

其实运用金字塔原理就可以做好工作汇报。

（1）定主题

做工作汇报之前，我们必须明确汇报的目的是什么，也就是要确定汇报的主题。这也是搭建金字塔结构的第一步。

做工作汇报常见的目的有以下几种。

①**知会。**知会即通知领导某个消息，例如项目进展情况、方案执行情况、工作安排等，领导可能会针对具体情况提出指导意见。

②**需领导做决策。**例如，当执行项目过程中发现问题、工作中遇到问题时，需要领导做决策。这个时候就需要准备好解决方案，领导可能会采纳你的方案，也可能会提出其他方案。

③**协调资源。**例如，项目或方案执行过程中需要领导提供资源支持。这个时候也需要即时向领导汇报工作，请求帮助，避免耽误项目或方案的执行进度。

具体出于什么目的汇报工作要根据实际情况而定。

（2）收集资料

确定工作汇报的主题后就要根据主题收集相关资料，包括工作内容、存在的问题、解决问题的方案等。然后对这些信息进行归类分组，一般建议分3—5个思想组，不建议太多或太少。太多会显得内容累赘，领导没有耐心听下去；太少则显得内容不充实，会让领导认为你没有认真准备。

（3）排序、搭建金字塔结构

结束分类后，对每组信息进行总结、概括，提取一个小标题，然后按照逻辑顺序排列。关于逻辑顺序主要有演绎逻辑和归纳逻辑，归纳逻辑中还有时间顺序、空间顺序和重要性顺序3种逻辑顺序，汇报者应根据实际内容选择恰当的逻辑顺序。

这里要强调的是，工作汇报中要明确领导关注的要点，所以通常按领导关注的要点的重要性进行排序，即先介绍领导关注的重要内容，再介绍领导关注的次要内容。

领导关注的要点通常有以下几个。

第一，工作情况如何？

第二，工作目标是否达成？还存在哪些问题需要解决？

第三，下一步的工作计划是什么？

按照领导的关注要点我们可以搭建如图 4-2 的金字塔结构。

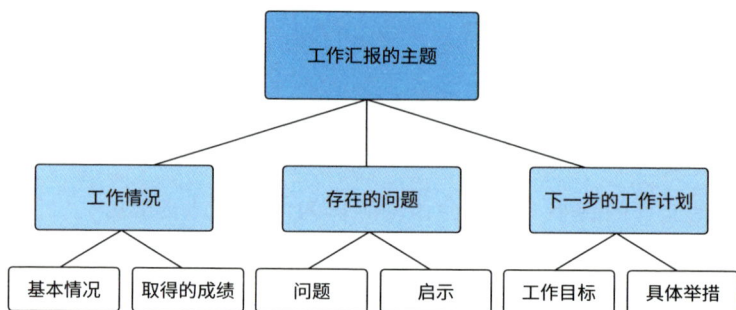

图 4-2　工作汇报的金字塔结构图

具体如何对内容进行排序、应该重点介绍什么内容还应根据工作汇报的实际情况以及领导关注的要点而定。

（4）填充内容

搭建好金字塔结构后，我们就可以将具体的内容填充到框架中了。填充内容的时候要尽量用数据和案例，这样才能具有说服力，才能支撑观点。

例如，工作中存在的问题为"客服接到的投诉率达2%，比上个月增长了一倍"。

以上几个步骤是运用金字塔结构组织工作汇报内容的过

程，在实际的工作汇报中，汇报者只需按照金字塔结构自上而下表达即可。我们以汇报某项目的实施进展为例，来看一下工作汇报的常规模板。

×××× 年 ×× 月 ×× 项目的实施进展汇报

在 ×××× 年 ×× 月的工作中，我完成了 ×× 项目，现将工作汇报如下。

一、×× 项目的实施情况

基本情况……

取得的成绩……

二、存在的问题

在项目实施过程中，我遇到了 ×× 问题……

得到的启示是……

三、下一步的工作计划

虽然顺利完成了 ×× 项目，但是在实施项目的过程中依然存在很多不足之处，接下来我将……（表明下一步的工作目标和具体举措）

汇报人：×××

汇报日期：×××× 年 ×× 月 ×× 日

这种汇报的思路清晰、层次分明、逻辑缜密，便于领导接收和理解。所以工作中要写工作汇报时，只要运用金字塔结构，效率就可以翻倍，且能取得理想的汇报效果。

5. 如何面对媒体发言

在媒体发达的当今时代，企业或多或少都会遇到需要面向媒体发言的场合。很多人面对媒体时，不知道该如何发言，担心表达得不清楚会造成误解，产生负面影响，严重的甚至会给企业以及自己造成经济损失和名誉损失。其实只要掌握了金字塔原理，我们就会发现面对媒体发言其实并不难。

在面对媒体发言之前，我们可以运用金字塔原理搭建发言稿的金字塔结构。

（1）确定发言主题

首先要明确出于什么目的要面向媒体发言，也就是要确定发言主题。一般情况下，在面对媒体发言之前发言者都会知道要围绕什么主题发言，如新产品发布、宣传企业形象、发布重要新闻等。

如果是企业需要面对媒体发言，那么在确定主题的时候一定要组织企业的相关人员一起协商，确定发言主题，确保发言的内容无误。

（2）收集资料

确定发言的主题后，首先要根据主题收集相关资料，然后对这些资料进行归类分组。一般建议分 3~5 个思想组，不建议太多或太少。内容太繁杂不利于媒体人员理解、记忆、报道，内容太少则显得此次发言比较敷衍，容易产生负面影响。

（3）排序、搭建金字塔结构

归类分组结束后，发言者要对每组思想进行总结、概括，提取一个小标题，然后按照逻辑顺序排列。这里可以根据具体内容，恰当地选择金字塔原理中的逻辑顺序。

在排序的过程中，发言者要注意，面对媒体发言应明确媒体关注的要点，所以内容排序通常要按照媒体关注的要点的重要性排序，即先介绍媒体关注的重要内容，再介绍媒体关注的次要内容。

例如，对于新产品发布会，媒体关注的要点通常有以下几个。

第一，新产品有哪些新的功能？

第二，这些功能能够给人们的生活带来什么样的改变？

第三，价格是多少？

第四，什么时候上市？从哪些渠道可以购买？

对小标题进行排序后，发言者可以根据排序自上而下搭建金字塔结构，如图 4-3 所示。

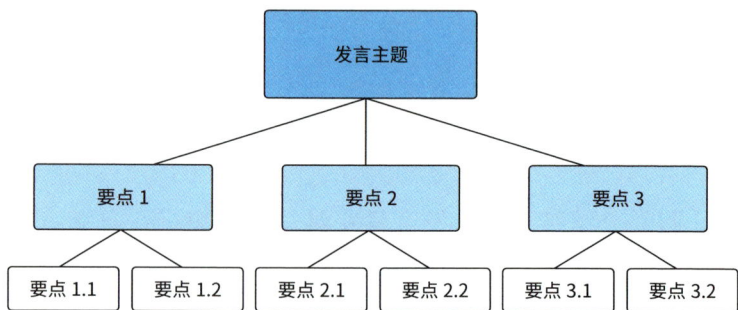

图 4-3　面对媒体发言的金字塔结构图

（4）填充内容

搭建好金字塔结构后，发言者就可以将具体的内容填充到框架中了。填充内容的时候要尽量使用数据和案例，这样才能具有说服力，才能支撑观点。

例如，某品牌的新款手机的摄像头像素高达 6400 万。

搭建好金字塔结构并填充内容后，发言者只需按照金字塔结构自上而下地表达即可。我们以某新产品媒体发布会的发言稿为例，来看一下媒体发言稿的常规模板。

××××年××月新产品媒体发布会

各位媒体朋友大家好！我是××……

一、新产品的基本情况

企业的基本情况

数据显示，××企业××年的营收为××××元，共销售××××万部手机……

新产品的基本情况

……上周，××手机举办了"粉丝节"，正式发布了××系统，并发布了××型号的新机，定价为××××元……

二、新产品的基本功能

前置摄像头××××万像素。

……

边框厚度仅××毫米，机身宽度仅××毫米，让亚洲人更容易握住。

……

最先进的××纳米技术……

CPU升级……

三、更多技术特色

智能双天线系统

杜比音效

气压感应器

关机闹钟

……

四、其他

××系统充分考虑了用户在使用系统时的操作习惯，改进了通话录音以及便签功能……

这种发言稿的内容充分、逻辑清晰，便于媒体人员接收、理解和记忆，在此基础上他们才能进一步帮助发言者传播信息。面对媒体，这样的发言才是有效的。所以，当我们要面对媒体发言时，不要紧张，巧妙地运用金字塔原理即可帮助我们完成一场高质量的媒体发言。

为了进一步提升发言质量，发言者在面对媒体发言时还应注意以下两点。

①态度真诚

面对媒体发言时，态度一定要真诚，否则媒体人员不会认真听讲、记录。在你发言结束后，媒体人员还可能将这种不端正的态度快速传播到各大媒体平台，给发言者造成负面影响。

②信息真实

信息真实是面对媒体发言时的重要原则，发言者必须确保自己所说的每句话都是真实的。否则，媒体人员会将发言者的发言视为谎言，并传播出去。这样一来，发言者个人和企业的声誉都会受损。

在面对媒体发言时，媒体人员可能还会提问，这就考验发言者的临场发挥能力了。关于这个问题将在本章的第 7 节详细介绍。

6. 如何做好行政发言

相对于工作汇报和面对媒体发言而言，行政发言的要求更严格、更严谨，因为行政发言关乎国家和政府的声誉。所以，发言者要做好行政发言就一定要认真、谨慎，不能出一点儿差错。除了要求更严格、严谨，行政发言的方法与工作汇报、面对媒体发言是相同的，即确定主题、收集资料、搭建框架、填充内容。

（1）确定发言主题

行政发言的主题通常也是确定好的，如主题为"关于××政策颁布并实施"的发布会。在确定发言主题的时候，发言者一定要与相关人员沟通，再次确定主题，以防出现疏漏。

（2）收集资料

确定主题后，发言者要根据主题收集相关资料，然后对这些资料进行归类分组。这一步在"工作汇报"和"面对媒体发言"中做了详细介绍。

（3）排序、搭建金字塔结构

归类分组结束后，发言者要对每组思想进行总结、概括，提取一个小标题，然后按照逻辑顺序排列并搭建金字塔结构。这一步可参照"工作汇报"和"面对媒体发言"中的内容。

（4）填充内容

搭建好金字塔结构后，发言者就可以将具体的内容填充到框架中了。

搭建好金字塔结构，并填充内容后，发言者只需按照金字塔结构自上而下地表达即可。行政发言的常规模板如下。

×××× 政策发布会

各位领导好！我是 ××……

　　市政府印发了《关于 ×× 的政策》（以下简称《政策》）。下面就政策的相关情况向各位领导汇报。

一、《政策》出台背景和过程

　　×××× 年 ×× 月 ×× 日以来，省政府为深入学习贯彻 ×× 领导关于做好今年经济工作的系列重要讲话精神，确保经济平稳健康地发展……

二、《政策》编制的思想和主要内容

1.《政策》对省×× 文件已明确的任务要求等不再重复，旨在确保我市对省政府文件做好全面贯彻落实。

2.《政策》不搞面面俱到，大而全，根据市情需要，突出关键领域、关键环节和增量发展的支持……

……后续我们还会加大对《政策》的宣讲，希望大家能积极支持和配合，共同把省、市政策宣传到位、解读到位、落实到位。谢谢大家！

用金字塔原理进行行政发言，不仅可以确保内容的完整性、逻辑的连贯性，还能体现出发言的专业性。所以，行政工作者应当学习、掌握金字塔原理，并将其运用到行政发言中，提升发言质量。

前文提到，行政发言的要求更严格、严谨，为此发言者在进行行政发言时还应注意以下几点。

①立意要高

行政发言是国家层面、政府层面的，所以立意一定要高，发言内容应紧跟时代，指明方向。

②选材要精

行政发言的选材一定要精选细节，能概括全局。

③用材要巧

行政发言的用材要点面结合，以少胜多。

④创新要奇

虽然行政发言比较严谨，但也要有一定的创新性，要着眼问题、突出个性。

⑤审校要严

行政发言必须提前准备好发言稿，并对发言稿进行反复、严格地审校，确保内容符合国家的政策要求，并且准确、严谨。

总之，在进行行政发言之前，发言者要做好充足的准备，认真对待每一个环节，确保发言时不出现任何差错。

7. 如何应对临场发言

生活和工作中我们经常会面临临场发言的情况，例如某次会议上，领导突然请一位员工发表对某个问题的看法；或是在媒体发布会上，记者突然提出某个问题要求发言者回答。相比可以提前准备的发言而言，这种毫无准备的临场发言对不少人来说都比较困难。实际上，掌握了金字塔原理后，你会发现，临场发言也是一件很轻松的事情，你可以运用金字塔的结构化思维在短短几分钟内做出一次完美的展示。

（1）确定主题

通常临场发言是被要求发言的，所以会有一个明确的主题。例如，领导将员工小张叫到办公室，询问他为什么没有达成上个月的业绩目标，那么这个临场发言的主题就是"没有达成业绩目标的原因"。

明确主题后，发言者才能围绕主题快速组织材料，有逻辑地表达观点。

（2）围绕主题收集信息

通常临场发言没有太多的准备时间，所以发言者必须快速调动自己的大脑，围绕主题收集相关信息。例如，"没有达成业绩目标的原因"有业绩目标定得过高，客户需求有变动，自己的身体不好请了近半个月的病假等。

（3）搭框架，完成发言

收集信息后还要快速梳理信息，对信息进行归类分组，并按照恰当的逻辑顺序排列要点，然后根据金字塔原理搭建金字塔结构。

> 例如，"之所以没有达成业绩目标主要有3个方面的原因，首先是业绩目标定得过高；其次是客户的需求发生了变化，但是我们的产品却没有及时更新；最后，我最近身体不好，请了近半个月的病假，耽误了不少工作"。

临场发言因为受到时间的限制，所以我们很难做到真正的"完美"。所以，发言者不必对答案要求得过于严苛，只要围绕主题表达了核心思想和内容即可。发言结束后，如果还有时间或者发言者想起了重要内容也可进行适当补充，使整个发言更加完善。

8. 如何应对刁钻的问题

金字塔原理不仅可以帮助我们实现高效写作和表达，还可以帮助我们解决问题。在演讲中，听众难免会提出一些问题，而有的问题则会比较刁钻，容易让演讲者手足无措，无法回答。这时，运用金字塔原理就可以解决这个问题。

使用金字塔原理解决问题的逻辑如图 4-4 所示。

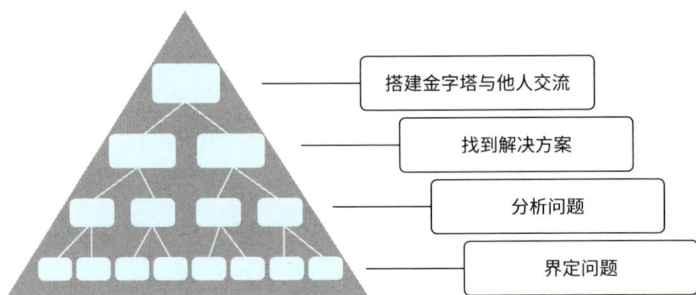

图 4-4　使用金字塔原理解决问题的逻辑

（1）界定问题

在回答问题之前，我们先要界定这个问题是什么，尤其是刁钻的问题。这就要求在对方提出问题时，发言者要认真倾听，明确对方提问的目的。

（2）分析问题

明确问题后，下一步就要对问题进行深入分析，寻找解决问题的答案。分析问题的流程如图 4-5 所示。

为了找到问题的答案，发言者必须有意识、有条理地收集信息，描述发现，得出符合逻辑的结论。

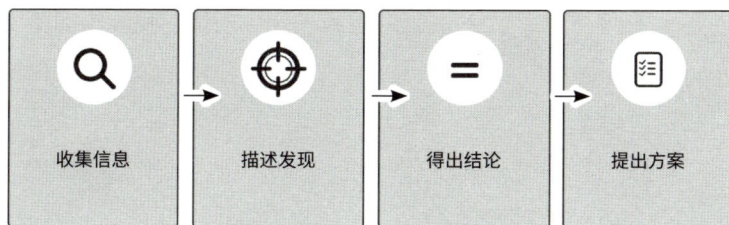

图 4-5　分析问题的流程

（3）找到解决方案

对问题进行分析，得出结论后，发言者还应进一步找出解决问题的方案。这一环节要求发言者对所有可行性方案进行评估，以确定一套最终行动方案。

（4）搭建金字塔与他人交流

搭建金字塔与他人交流是指，找到解决方案后要将方案搭建成金字塔结构，然后自上而下地表达。

> 例如，某领导在一次会议上向员工提问："这是不是你的个人主张？你承担得起这件事情的后果吗？"

员工可以按照前面的 3 个步骤找出这个问题的答案，然后运用金字塔结构自上而下地表达。

> "这不是我个人的主张，但我一定会担负起我应当担负的责任。
>
> 首先……
>
> 其次……
>
> 最后……"

实际上，无论是刁钻问题还是普通问题，都可以运用金字塔原理来梳理逻辑，给对方一个满意的答案。但是，找到刁钻问题答案的难度稍微有点大，因此我们不仅要运用金字塔原理找出解决问题的答案，逻辑清晰地表述答案，还应掌握以下几个应对刁钻问题的方法。

①当你不方便回答对方的问题时，可以说：

"对不起，您讲的问题我不是很清楚（或很了解），但我认为……"

②当对方提出的问题中的事实不容否定时，你可以说：

"您讲的的确是事实，但更重要的是（或另外）……"

③当对方试图以偏概全时，你可以说：

"这只是一个特定的案例，更多的情况是……"

④当你感到前面的回答可能有误时，你可以说：

"当然，这并不是说（或并不意味着）……"

⑤当对方把负面的观点强加于你的时候，你可以说：

"我没有在任何场合发表过这样的观点……"

所以，在面对刁钻的问题时，我们应清楚界定问题。如果是有意义的问题，我们可以按照金字塔原理解决问题的逻辑顺序展开回答；如果没有意义，只是故意刁难我们的问题，我们则可以采用上述介绍的方法回答，或者委婉拒绝回答，如"不好意思，这个问题我不方便回答"。

第 **5** 章

金字塔原理在
写作中的应用

CHAPTER 5

无论是在生活中还是在工作中，我们都会接触到写作这件事，大到写一篇专业论文，小到写一封邮件。如何在写作的时候"下笔如有神"呢？答案很简单，就是将金字塔原理运用到写作中。

1. 写作语言表达的 4 个原则

　　金字塔原理强调文章的重点要突出、逻辑要清晰，便于读者理解和记忆。写作者要做到这一点，除了要运用金字塔原理搭建逻辑清晰的金字塔结构外，还应掌握写作语言表达的 4 个原则，如图 5-1 所示。

| 针对性原则 | 准确性原则 | 通俗性原则 | 简洁性原则 |

图 5-1　写作语言表达的 4 个原则

（1）针对性原则

金字塔原理的 TOPS 原则强调写作要明确读者对象，做到有的放矢，这个原则其实就是这里所说的针对性原则。写作者在写作时，不仅要确保文章内容具有针对性，还应确保语言表达具有针对性，实现真正意义上的有的放矢，吸引目标读者。

如何做才能让语言表达具有针对性呢？

①了解目标读者喜欢的表达方式

不同的目标读者喜欢的语言表达方式不同，例如学生可能喜欢轻松、有趣的语言表达方式，而职场人士则喜欢直接、干练的语言表达方式。所以，写作者要想做到语言表达有针对性，就要深入了解目标读者喜欢的语言表达方式。

②根据文章内容选择合适的表达方式

不同体裁、风格的文章其语言表达方式也应不同。例如，情感类文章的语言表达方式应当更感性、抒情，而工具类文章和专业性较强的文章的语言表达方式则应当更理性、干练。

总结来说，写作语言表达要做到有针对性就要明确读者对象，了解读者对象喜欢的表达方式，并且还要根据文章内容选择合适的表达方式。只有选择了合适的语言方式，才能体现出文章的专业性，吸引目标读者。

（2）准确性原则

写作的目的是向读者传递信息或记录信息，帮助读者了解事情的全貌或者帮助他们解决问题。这就要求语言表达必须遵循准确性原则，否则传递出的信息会误导读者，造成负面影响，甚至会给写作者和读者带来巨大的损失。

语言表达如何才能做到准确无误呢？

①用词精准

法国著名作家居斯塔夫·福楼拜（Gustave Flaubert）曾说："要描述一个动作，就要找到那个唯一的动词；要描述一种状态，就要找到那个唯一的形容词。""唯一"这个词体现的正是语言表达的准确性。也就是说，写作者在写作时一定要反复推敲用词，用词要能够精准表达自己想表达的意思。用词精准是写作的基本功，写作者应不断学习掌握这个基本功。

②表达忌模棱两可

语言表达忌模棱两可，这样容易让读者误解。例如，大量用"可能""也许""不一定""大概"等词语表达观点。当然，如果是写作者不确定的内容，当然可以用"可能""也许"，但是不能大量使用这种词汇，这样有失表达的准确性。

语言表达的准确性其实就是要做到用词达意，避免引起读者的误解。

（3）通俗性原则

好的语言表达要通俗易懂，这也是写作的基本原则。通俗易懂就是读者一眼就能理解写作者表达的内容，不会造成读者的阅读障碍。

语言表达如何做到通俗易懂呢？

①避免用生僻词

写作者在写作中要尽量避免使用生僻词，要使用读者能够理解的词语或句子。

②对专业名词进行解释

写作时有时候会使用一些专业词汇，这个时候就需要用通俗的语言对这些晦涩难懂的专业名词进行解释，让所有读者都能理解。

③运用案例、数据、故事、图表来解释

写作中写到一些不是很容易理解的内容时，写作者可以用案例、数据、故事、图表来辅助解释。

总之，写作中的语言表达一定不能让读者产生"这是什么意思""我不太理解""我要如何做呢"等疑问。一旦读者产生这些疑问，就说明写作者的语言表达存在问题，给读者造成了阅读障碍。所以，写作者可以站在读者的角度阅读文章，检验内容是否有自己不明白的地方，并有针对地调整、

优化语言的表达方式。

（4）简洁性原则

好的文章的特征之一是语言表达言简意赅，也就是我们所说的简洁性原则。简洁的语言表达方式有利于写作者快速、高效地表达观点，让读者一眼就能明白写作者表达的意思，提高文章的可读性。相反，语言表达啰嗦、反复赘述的文章很容易让读者感到枯燥无味。

语言表达如何才能做到简洁呢？

①多用短句

短句不容易造成读者的阅读困难，利于读者理解。

> 知名作家沈从文在其作品《湘行散记》中这样写道："船是只新船，油得黄黄的，干净得可以作为教堂的神龛。我卧的地方较低一些，可听得出水在船底流过的细碎声音。"

这段话用的都是短句，文章读起来铿锵有力，富有节奏感，让读者读一次就能明白作者的心境。所以，无论是职场写作还是文学写作，都建议大家多使用短句进行表达。

②表达要精简、凝练

表达要精简、凝练的意思是指能够用一句话表达的内容，不要用两句话来表达。

例如，"为了提高工作效率，我们就要将时间进行划分，明确在什么时间做什么事情。"

这段话的表达就不够精简，我们可以改为：

"做好时间管理可以提高工作效率。"

对比之后，我们可以发现，精简的表达更利于读者理解，可读性更高。

③不要赘述

金字塔原理中的"MECE 原则"强调在对信息进行分组时，要做到各组信息相互独立，不交叉、不重叠。语言表达也如此，不要赘述同一个观点和内容，前后重复表达不利于读者理解。

写作者要想提升语言表达能力就应当在写作时遵循以上4个原则，且要在写作中不断钻研语言表达的方式和技巧，不断地提升语言表达能力。

2. 运用金字塔原理指导写作的 4 个步骤

了解并掌握金字塔原理后，写作者便可以运用金字塔原理指导写作。运用金字塔原理指导写作主要有 4 个步骤，如图 5-2 所示。

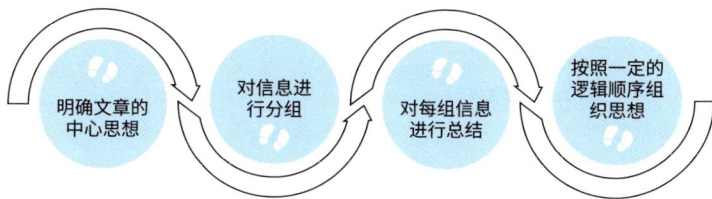

图 5-2　运用金字塔原理指导写作的 4 个步骤

（1）明确文章的中心思想

金字塔原理的核心思想之一是结论先行，所以运用金字塔原理指导写作的第一步是明确文章的核心思想。

明确文章的核心思想时通常分为两种情况。

第一种情况是写作者知道要围绕什么主题写作，即写作者明确知道文章的核心思想是什么。这种情况下，写作者无须花费时间和精力确定文章的中心思想。

第二种情况是写作者大致知道自己想写什么样的内容，要表达哪些观点，但是并不明确文章的中心思想是什么。这个时候写作者就需要运用金字塔原理的自下而上思考的原则，对自己收集的信息进行归类分组，概括总结出文章的中心思想。

无论是哪一种情况，写作者都必须做到在提笔之前明确这篇文章的中心思想，这是撰写一篇高质量文章的基础。

写作者在明确文章的中心思想时要注意，**文章的中心思想有且仅有一个**。

（2）对信息进行分组

明确了文章的中心思想后，写作者可以围绕中心思想收集相关信息，然后根据信息的特征，将相似的信息归为一组。

> 例如，写作者收集到的信息如下：
> 员工迟到、早退；
> 员工没有按时完成工作任务；
> 员工请假频率高。

这组信息的共性是"员工的工作积极性低"，因此写作者可以将这组信息归为一组。同理，其他信息也应按照这种方式分组，直到所有信息分组完成。

在对信息进行分组时，写作者应遵循金字塔原理的MECE原则，这部分内容可以参考第一章第6节，确保分组正确。

（3）对每组信息进行总结

为了便于读者理解和记忆，写作者对信息进行分组后，还应对每组信息进行总结，即用概括性的句子描述信息。简单地说，就是用一个概括性的词组总结该组信息。

> 例如，"员工迟到、早退，员工没有按时完成工作任务，员工请假频率高"。这组信息可以概括为"员工工作积极性低的表现"。

在对每组信息进行概括的同时，写作者还可以检验分组是否正确。如果可以用一个概括性的词组概括该组信息，那么就说明分组正确，反之，则说明分组不正确，那就应当重新分组，否则就会导致文章内容混乱，逻辑不严谨。

（4）按照一定的逻辑顺序组织思想

对每组信息进行概括后，就等于提炼出了文章的思想要点，写作者下一步要做的是寻找这些思想要点之间的逻辑关系，然后按照恰当的逻辑顺序组织这些思想。

组织思想的逻辑关系我们在前面的章节中已经进行了详细介绍，写作者可参考，选择恰当的逻辑顺序组织思想。

概括来说，运用金字塔原理指导写作的过程就是提出文章的中心思想，然后按照一定的逻辑顺序介绍文章的思想要点。这样看来，写作就变成了一件简单的事情。

3. 写作中常见的序言结构

我们在前文中已经介绍了金字塔序言中的 SCQA 法则，也就是这里所说的序言结构，还详细介绍了序言结构常见的 4 种形式：标准式、开门见山式、突出忧虑式、突出信心式。这 4 种序言结构的形式也是写作中常见的序言形式，写作者可以运用其中的某种形式写前言、章导语、节导语或者文章的开头，以便快速、精准切入主题，引发读者的阅读兴趣。

（1）标准式

标准式的结构为"背景—冲突—答案"。

假设某篇文章的主题为"企业应建立全面的人才管理体系"，写作者用"背景—冲突—答案"的结构写的序言如下。

任何企业想要努力实现其业务目标，都必须具备实现这些目标的人才。换句话说，企业必须确保有一套持续且完善的流程和体系来招聘、培养、管理、替补这些人才资源。虽然已有一些企业意识到了这一点，也采取了一定的措施，但是收效甚微。为此，企业需要重新认识人才管理，并建立全面的人才管理体系。

"任何企业想要努力实现其业务目标，都必须具备实现这些目标的人才……招聘、培养、管理、替补这些人才资源"这句话介绍的是人才管理的背景；"虽然已有一些企业意识到了这一点，也采取了一定的措施，但是收效甚微"这句话介绍的是该背景下产生的冲突；"为此，企业需要重新认识人才管理，并建立全面的人才管理体系"这句话介绍的是解决冲突的答案。

这个案例是一个典型的标准式结构，可以一气呵成地引出答案，点明文章的主题。

（2）开门见山式

开门见山式的结构为"答案—背景—冲突"。

假设某篇文章的主题为"提高职场写作能力"，写作者用"答案—背景—冲突"的结构写的序言如下。

提高职场写作能力可以帮助我们更好地完成工作中与写作相关的任务，提升工作效率。职场写作是一种比较常见的职场工作，如写工作计划、工作总结、工作汇报、商业计划书等。在日常工作中我们不难发现，那些能写出格式规范、说服力强、逻辑通顺的文章的人，往往也能在领导心中留下良好的印象，工作中取得好的成绩，职业发展也比较顺利。虽然很多人已经认识到职场写作的重要性，但是他们很难做到"下笔如有神"，不知道要写什么、怎么写。

"提高职场写作能力可以帮助我们更好地完成工作中与写作相关的任务，提升工作效率"开头直接点明了主题，抛出了答案；紧接着介绍了答案背后的背景，即"职场写作是一种比较常见的职场工作，如写工作计划、工作总结、工作汇报、商业计划书……职业发展也比较顺利"和冲突"虽然很多人已经认识到职场写作的重要性，但是他们很难做到'下笔如有神'，不知道要写什么，怎么写"。

这个案例采用的是"答案—背景—冲突"的结构，如果写作者想通过答案吸引读者，那么可以在写序言的时候使用这种结构。

（3）突出忧虑式

突出忧虑式的结构为"冲突—背景—答案"。

假设某篇文章的主题为"高效的招聘策略",写作者用"冲突—背景—答案"的结构写的序言如下。

> 很多企业在招聘时会遇到各种问题,如收不到合适的简历、面试被候选人放鸽子、新员工入职两天就离职等。在企业之间的竞争已经演变为人才之间的竞争时,招聘面临的问题成了摆在企业面前的重大课题。要想解决这个问题,实现高效招聘,企业的招聘负责人就应当掌握高效的招聘策略。

"很多企业在招聘时会遇到各种问题,如收不到合适的简历、面试被候选人放鸽子、新员工入职两天就离职等"这句话强调的是冲突;"在企业之间的竞争已经演变为人才之间的竞争时,招聘面临的问题成了摆在企业面前的重大课题"这句话介绍的是当下的背景;"要想解决这个问题,实现高效招聘,企业的招聘负责人就应当掌握高效的招聘策略"这句话直接引出了答案,点明了主题。

这个案例采用的是"冲突—背景—答案"的结构,这种结构能够突出冲突,吸引读者的注意力,让读者愿意不断地阅读文章,从中寻找答案。

（4）突出信心式

突出信心式的结构为"疑问—背景—冲突—答案"。

假设某篇文章的主题为"新生代员工的管理心理学"，写作者用"疑问—背景—冲突—答案"的结构写的序言如下。

> 如何管理新生代员工才能激发他们的工作积极性，提升他们的创造力？新生代员工已经成为职场的主力军，他们思维活跃、创造力强、敢于拼搏。从某种程度上来说，新生代员工的能力代表着企业的竞争力。但是，很多团队管理者在面对新生代员工的管理问题时感到十分困扰，他们不知道新生代员工的需求是什么，也不知道如何才能满足他们的需求，从而培养他们、留住他们。要想解决新生代员工的管理问题，就必须掌握新生代员工的管理心理学，了解新生代员工在想什么。

"如何管理新生代员工才能激发他们的工作积极性，提升他们的创造力"开篇提出问题，引起读者的阅读兴趣；"新生代员工已经成为职场的主力军，他们思维活跃、创造力强……企业的竞争力"描述读者已知的背景信息；"但是，很多团队管理者在面对新生代员工的管理问题时感到十分困扰……从而培养他们、留住他们"描述背景下存在的客观冲突；"要想解决新生代员工的管理问题，就必须掌握新生代员工的管理心理学，了解他们在想什么"给出了问题的答案。

这个案例采用的是"疑问—背景—冲突—答案"的结构，重点突出了疑问，能够吸引有此类问题并急于知道答案的读者。

写作者可以参考以上案例，根据文章的内容和风格灵活地选择合适的结构来撰写文章的序言。

4. 如何写工作计划

工作计划是工作中常见的一种文章形式，对于员工而言，写好工作计划可以帮助自己有条不紊地开展工作，提升工作效率。那么如何才能写出一份有效的工作计划，从而提升工作效率呢？

在写工作计划之前，写作者首先要确定读者对象，这点在前文中已经强调过。通常阅读工作计划的人有两个：写作者自己和领导。对于日常的工作任务，领导一般不会要求员工写工作计划。但是一些员工为了能更高效地开展工作，会自己主动制订工作计划。这种工作计划具有较大的随机性和随意性，写作者可以根据自己的实际情况写工作计划，例如每天早上上班之前写一份当天的工作计划。写给自己看的工作计划没有严格的要求，只要把当天的主要事项列出来即可，如 8:30—9:00 准备部门会议的资料；9:30—10:00 参加部门会议，并做好会议记录；10:00—10:30整理会议记录并撰写报告，分发给与会人员。

如果阅读工作计划的人只有写作者自己，那么可以写得随意一些，不必拘泥于格式和要求。但是必须确保这项计划能够促进自己完成工作，达成目标。否则，写工作计划就没有任何意义了。

对于一些比较重要的工作任务或大型项目，领导为了能实时了解并跟进工作，督促员工按时完成工作任务、达成目标，通常会要求员工制订一份详细的工作计划。常见的有项目执行计划、周计划、月计划。

项目执行计划是指根据已有的项目决策，制订的详细的执行计划。内容包括主要工作、任务清单、完成各阶段工作的人员、资源和时间期限、风险预测和风险管理等。

周计划和月计划比较常见，通常是在每周或每个月的开始制订当周、当月的工作计划。有些企业的周计划和月计划有固定的模板，写作者按照模板撰写即可。如果没有固定的模板，写作者就要根据工作情况自己组织内容、搭建结构，制订工作计划。

如果阅读工作计划的人是领导，那么写作者就应该更加严谨地对待这份工作计划。写作者应当站在领导的角度思考，写领导想了解的内容。

通常，领导要从工作计划中了解的主要内容有"制订这份工作计划的目的是什么""计划的主体内容是什么"以及"如何实施这份工作计划"等。对于不同的工作计划其内容也不同，但是计划的写作结构大同小异。写作者可以运用金字塔原理组织内容、搭建金字塔结构，制订高质量的工作计划，如图 5-3 所示。

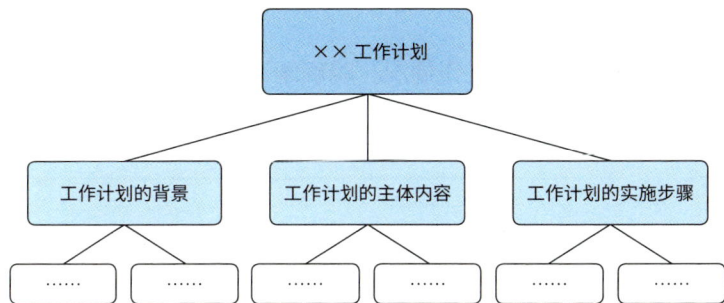

图 5-3　工作计划的金字塔结构

（1）列出标题

工作计划的标题一般由时间、主要内容组成，如《关于××项目的工作计划》。

工作计划的标题要简洁明了，让领导一眼就能够明白写作者是为什么事而制订的这份计划。

（2）工作计划的背景

对于领导而言，在阅读工作计划的时候，他们首先想了解的是这份工作计划是在什么背景下制订的，以及是出于什么目的制订的这份工作计划。所以，写作者在工作计划的开篇就要介绍工作计划的背景和写作目的。

> 通常，工作计划的背景应包含以下两个部分的内容。
>
> ①制订工作计划的依据或企业的方针政策、领导的指示。
>
> ②分析目前的工作情况，明确阐述制订该工作计划的目的。

在介绍工作计划的背景时，语言表达应简洁明了。

（3）工作计划的主体内容

工作计划的主体内容是工作计划的核心，这部分应详细介绍制订的工作计划是什么。例如，计划 8 月份完成 50 万元的销售额，拓展 100 个新客户。

在阐述计划的主体内容时，一定要详细、具体，可以量化的内容一定要用数据来表示，且要确保该计划是在自己的能力范围内可以完成的，如上个月的业绩是完成了 20 万元的销售额，下个月的计划是完成 23 万元的销售额，这个计划就是在自己的能力范围内的。但是，如果计划下个月完成 40 万元的销售额，那么这个计划恐怕是难以实现的，没有意义和价值。当然，如果你有足够的理由证明自己确实可以完成这个计划，那就另当别论了。

（4）工作计划的实施步骤

对于领导而言，他们不仅想知道你的工作计划的内容是什么，更想知道你将采取哪些行动实施这个计划，这样才能确保这个计划不会成为空谈。所以，确定好计划的主体内容后，写作者紧接着就要介绍工作计划的实施步骤。例如，每天拜访多少名客户、打多少通销售电话、做哪些促销活动等。

工作计划的实施步骤越详细越利于计划的顺利实施。

搭建好结构，组织并填充好内容后，写作者便可以按照金字塔结构自上而下地表达。工作计划的常规模板如下。

张 ×× 关于 ×× 项目的工作计划

上个月我完成了 ×× 项目，在项目的执行过程中我遇到了诸多问题，导致耽误了项目进度。现在，基于领导的指导和自己的总结，为了顺利地完成此次项目，特制订了 ×× 项目的工作计划，具体内容如下。

描述具体计划（计划是什么）

首先……

其次……

最后······

做到什么程度以及采取哪些行动和方法

······

······

希望自己可以实现这个计划，提升自己的工作能力，为企业创造价值。

写作者可以运用金字塔原理搭建完整的写作框架，有逻辑地组织内容，写出一篇高质量的工作计划。

5. 如何写工作总结

工作总结不是散文，更不仅仅是事项列表，而是一份内容严谨的报告。

（1）撰写工作报告前的思考

写作者要想写一份高质量的工作总结，在动笔之前应思考以下 3 个问题。

①工作总结写给谁看？

在介绍金字塔原理的时候，我们强调了写作要明确读者对象，做到有的放矢。同样，写年终总结的时候也要明确这份工作总结是写给谁看的。通常，工作总结的读者是领导。当写作者明确工作总结的读者对象是领导时，就能站在领导的角度思考问题，写出领导关注的内容。

对于领导而言，他们通常希望从员工的工作总结中了解他们工作的大致情况，看到员工取得的成绩、创造的价值，这些价值包括业务价值、服务价值、改进价值等。了解了员工为企业创造的价值后，领导还想了解员工在工作中是否遇到了问题，是否需要自己的帮助等。

②写工作总结的目的是什么？

工作总结不仅是对上一阶段工作的回顾，更重要的是明确未来的工作内容。也就是员工要通过工作总结，立足当下的工作成果，积极规划下一阶段的工作。这也是领导希望看到的内容。领导不仅想看到你在当下工作中取得的成绩，更希望看到你在不断推进工作，帮助企业持续创造价值。

③如何达到工作总结中提出的目标？

领导不仅想要了解写作者期望在下一阶段的工作中想要达到的目标，更期望了解为了达到这个目标写作者将采取什么样的行动。因为只有明确了行动，目标才有可能达到。因此，写作者在工作总结中还应介绍计划采取哪些行动来达到目标。

（2）运用金字塔结构撰写工作总结

思考清楚以后，写作者便可以运用金字塔原理组织内容，搭建金字塔结构，写出高质量的工作总结，如图 5-4 所示。

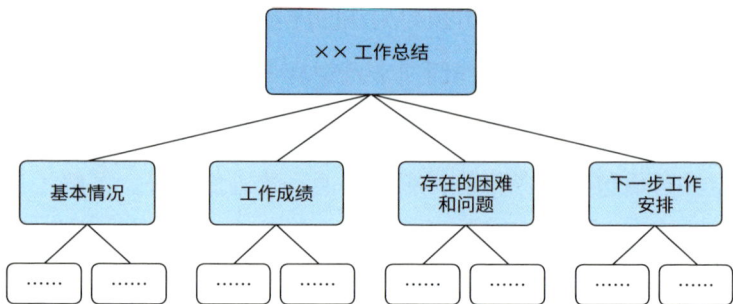

图 5-4　工作总结的金字塔结构

①**列出标题**

工作总结的标题一般由单位名称、时间和事由组成，如《××公司××××年年度工作总结》，也可以直接写作《××××年××月工作总结》或《××项目工作总结》。

标题应简明扼要，突出工作总结的主旨。

②**基本情况**

在工作总结的开篇应该写出这是关于什么工作的总结。例如，该阶段工作的基本情况。基本情况只需概括地描述即可，如"在××××年××月负责某项目，用时20天顺利完成"。

介绍基本情况的时候一定要基于事实，不可夸大。

③**工作成绩**

对于领导而言，他们最关注的莫过于在这项工作中员工为企业创造了哪些价值，也可以说他们关注的是员工取得了什么样的工作成绩。

员工创造的价值主要包括：业务价值、服务价值和改进价值。业务价值包括该阶段员工的业绩情况、重点工作完成情况；服务价值是指员工为公司提供的有效支持；改进价值是指该阶段员工重点解决了哪些核心问题，为公司带来了哪些改变。

我们在向领导汇报工作价值时，一定要根据工作的实际情况如实汇报，不能为了邀功而谎报工作成绩。

④**存在的困难和问题**

我们在工作中难免会遇到困难和问题，这也是领导比较关注的内容。因为只有解决困难和问题，员工才能更好地工作，为企业创造更大的价值。所以，这部分内容在工作总结中必不可少。

存在的困难和问题是指我们在该阶段的工作中遇到的障碍，这些障碍可以是实际存在的问题，如资金不足、人手不够、资源缺乏等；也可以是心理问题，如工作压力大等。

一般情况下，工作总结中只需重点介绍存在的两三个问题即可。此外，在描述存在的困难和问题时应注意以下几点。

①**建议采取"问题—原因—建议"的方式描述**

这种方式即能让领导明确问题，也能让他知道你已经认真思考过了。这种汇报方式才是领导想要的。

②用数据或案例说话

为了让领导明确问题，在描述问题时最好加入数据或案例。例如，客户投诉率同比增长 3%。

③描述问题本身

描述问题时一定要客观描述问题本身，不要描述现象，如"产品质量不过关，客户为此感到生气"，应描述为"产品出现了两个质量问题"。

④对事不对人

如果问题与团队其他成员有关，一定要遵循"对事不对人"的原则，即只阐述问题本身，不指责与问题相关的人。追责是领导的事情，我们的任务是汇报好。

搭建好结构，组织和填充好内容后，写作者便可以按照金字塔结构自上而下地表达。我们以某团队的工作总结为例，来看一下工作总结的常规模板。

××××年××月工作总结

在××××年××月的工作中，我们团队顺利地完成了××项目，并取得了不错的成绩，现将工作情况总结如下。

一、基本情况

在××××年××月，我们团队用时 20 天完成了××项目……

二、工作成绩

该项目为公司获取盈利……，合作方愿意继续跟我们合作下一个项目……

三、存在的困难和问题

团队人手不足……

四、下一步工作安排

虽然顺利完成了 ×× 项目且取得了不错的成绩，但是在这个过程中，我发现团队成员在 ×× 方面和 ×× 方面的能力还比较欠缺，接下来我将对团队成员展开培训，有针对地帮助他们提升这些方面的能力。同时，我将带领团队成员为下一个项目做好充分的准备工作……

运用金字塔原理搭建的工作总结的大致框架如上，但是内容和逻辑顺序并不是固定的。写作者应根据实际的工作情况，选择合适的逻辑顺序进行表达。

6. 如何写述职报告

述职报告是指员工将自己的工作是否称职的情况以书面的形式呈现给领导。具体来说，是指员工将在一段时间内所做的工作向领导汇报。常见的述职报告有员工实习期的述职报告、晋升述职报告等。

（1）述职报告和工作总结的区别

很多人在写述职报告时，存在的问题是容易将述职报告与工作总结弄混。一旦将两者弄混，那么述职报告的内容就不正确了。所以，写作者在写述职报告前，首先要弄清楚述职报告与工作总结之间的区别。

述职报告与工作总结的不同之处主要有 4 点。

①要回答的问题不同

工作总结要回答的问题是"做了哪些工作""取得了哪些成绩""存在哪些不足""有何经验"等。述职报告要回答的是"担任什么样的职责""履行职责的能力如何""是怎样履行职责的""称职与否"等问题。

②写作的侧重点不同

工作总结的写作重点在于全面归纳工作情况，呈现工作内容。述职报告的写作重点是履行职责方面的情况，主要突出履行职责的能力。

③表述方式不同

工作总结主要运用概括性的语言和描述方式，总结、归纳工作结果。述职报告可以采用夹叙夹议的表达方式阐述履行职责的相关情况、说明履行职责的出发点和思路、表述处理问题的依据和理由。

④写作者不同

工作总结可以是个人写的关于自己工作情况的总结报告，也可以是团队负责人写的关于团队工作情况的总结报告。述职报告却只是个人写的有关自己履职情况的报告。

明确了工作总结与述职报告的区别之后，写作者对述职报告又有了进一步的了解。在此基础上，写作者便可以根据实际情况撰写述职报告了。

（2）如何撰写述职报告

述职报告的阅读对象是领导，所以在撰写述职报告的时候写作者要从领导的角度考虑问题，重点介绍领导关注的内容。通常，领导关注的内容主要有写作者"在某阶段担负的具体职责""取得的成绩""履行职责的过程""对自己的评价"等。了解领导关注的内容后，写作者便可以按照重要性对内容进行排序并搭建金字塔结构，如图 5-5 所示。

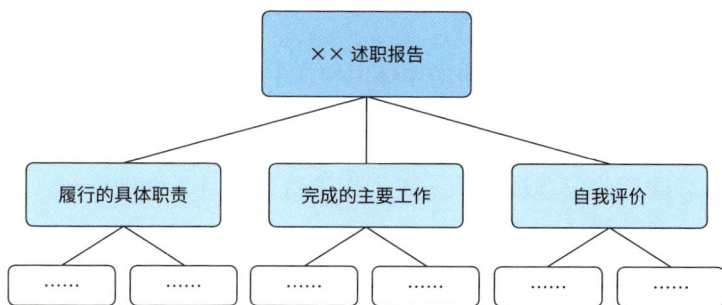

图 5-5 述职报告的金字塔结构

①列出标题

述职报告的标题可以直接写"述职报告",也可以在"述职报告"前加上事由,如"××员工转正述职报告"。

②履行的具体职责

述职报告的开篇应简明扼要地说明自己在某阶段的工作中履行的具体职责,表明自己对本职责的认识,并阐明自己履行职责时的指导思想和工作目标。同时,还要概述自己在履行职责期间取得的成绩。

> 例如,"在××××年××月—××××年××月这3个月的实习期间,我的主要职责是产品的销售和店面的日常管理。为了更好地完成本职工作,我积极参加公司组织的培训活动,不断提升自己的能力……在实习期间,我连续两个月获得了绩效第一的成绩……"。

③完成的主要工作

这部分是述职报告的主体内容,主要包括以下5个方面。

第一,介绍完成的主要工作。

这部分应选择几项主要工作进行详细且具体地介绍。介绍完成这些工作的过程、效果或存在的问题。这部分主要是为了让领导了解你面对一些重大问题时的决策能力、处理问题的思路、对问题的认识等。

第二，对履行职责的具体情况进行深入分析，并总结出自己的结论。

第三，回答"称职与否"的问题。

在这部分的最后，写作者还应从政治理论素质、思想道德素质、开拓进取精神、政策法律水平、综合分析能力、处事判断能力、文字和口头表达能力、处理上下级关系等方面描述自己的情况，回答"称职与否"的问题。

第四，说明履行职责过程中的得与失。

在这部分中写作者还应介绍在履行职责过程中自己的得与失，如"销售能力和门店管理能力得到了提升"。

第五，说明自己的理由和依据。

如果是转正或晋升的述职报告，那么应当紧扣转正后或上一级的职务要求来写，说明自己有足够的能力担任该职务。

该部分内容是述职报告的核心内容，写作者一定要精心构思，写出特色。

（3）自我评价

写作者可以在述职报告的结尾处简单进行自我评价，并表明自己的态度。例如，"我认为自己有能力担任 × × 职位，我也一定会全力以赴履行自己的职责"。

搭建好结构，组织并填充好内容后，写作者便可以按照金字塔结构自上而下地表达。述职报告的常规模板如下。

×× 转正述职报告

在××××年××月—××××年××月的工作中，我担任了××职位，取得了不错的成绩，现将履行职责的情况汇报如下：

一、履行的具体职责

在××××年××月—××××年××月，我的主要职责是……

二、完成的主要工作

第一……

第二……

第三……

三、自我评价

我认为自己……我一定会……

不同性质的述职报告的内容不同，但撰写述职报告的框架是相同的。所以，写作者在运用金字塔原理写述职报告的时候，应根据实际情况在框架中填充内容，突出重点。

7. 如何写营销方案

营销方案是指在市场销售和服务之前，为使销售达到具体目标而对各种销售促销活动进行整体策划。开展市场营销活动是营销人员的核心职责之一。从某种程度上说，营销方案的好坏决定了营销效果，所以，营销人员要想提升营销效果，就必须掌握营销方案的撰写技巧。

如何运用金字塔原理撰写营销方案呢？

营销方案的目标群体是客户，所以要站在客户的角度思考，重点介绍客户关注的内容。在营销方案中，内容一般包括"市场现状""自身现状""营销战略""营销战术""预算"等。明确客户关注的重点后，便可以根据内容的性质按照一定的逻辑对内容进行排序并搭建金字塔结构，如图5-6所示。

（1）列出标题

营销方案的标题可以直接写"营销方案"，也可以在"营销方案"前加上事由，如"××项目营销方案"。

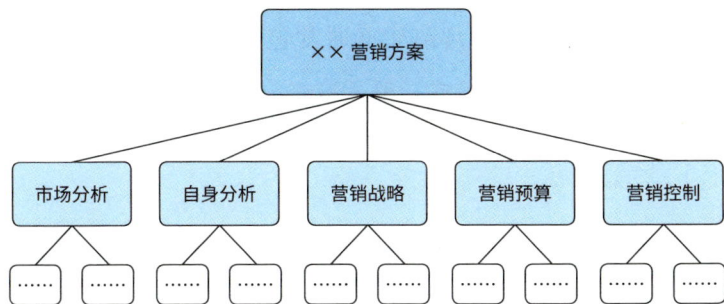

图 5-6 营销方案的金字塔结构

（2）市场分析

写营销方案首先要对市场进行分析，了解市场情况后，才能根据市场情况制定针对性较强的营销方案。分析市场时主要关注的内容包括市场特征、行业分析、竞争对手分析、消费趋势分析、销售状况分析、市场需求分析等。不同的营销方案所需的分析内容不同，写作者应根据营销项目的实际需求确定分析的内容，并收集相关资料。

（3）自身分析

市场分析是对外分析，自身分析是对内分析，内外结合才能设计出更好的营销方案。自身分析可以采用 SWOT 分析法，即对营销项目的优势、劣势、机会和威胁进行分析。

（4）营销战略

对市场和自身进行分析后，就要结合市场和自身的具体情况制定营销战略。营销战略通常包括市场布局、操作模式、产品策略、价格策略、渠道策略、上市计划等内容。

（5）营销预算

执行该方案要花费多少预算是领导比较关注的问题。在营销预算中，写作者应具体介绍需要执行什么样的营销活动，该活动的具体花费是多少。最好能制作一张预算表，将具体的项目和预算一一填入表中，让领导可以对此次营销活动的预算情况一目了然。如表 5-1 所示。

表 5-1　××产品营销费用预算表

费用项目	费用明细				
市场调研	资料 复印费	人工费用	交通费用	其他	小计
	200 元	1000 元	100 元	无	1300 元
媒体推广	传统媒体		网络媒体		小计
	5000 元		5000 元		10000 元
现场包装	项目	数量	规格	单价	小计
	展板	10	个	100 元	1000 元
	彩旗	100	面	5 元	500 元
	横幅	2	条	50 元	100 元
合计	12900 元				

（6）营销控制

营销控制是为营销方案提供保障的一项工作，主要包括产品质量控制、促销监控、消费群体监控、公共关系监控等。

列出核心要点后，写作者可以围绕要点进一步收集资料、填充内容，使内容更加丰富、翔实。然后按照金字塔结构自上而下地表述营销方案。营销方案的常规模板如下。

<h2 align="center">××项目营销方案</h2>

为了更好地开展××项目的营销活动，特制订××项目营销方案。方案具体内容如下：

一、市场分析

市场特征

行业分析

竞争对手分析

消费趋势分析

销售状况分析

……

二、自身分析

优势

劣势

机会

威胁

……

三、营销战略

市场布局

操作模式

产品策略

价格策略

渠道策略

上市计划

......

四、营销预算

短视频预算 2000 元

......

五、营销控制

产品质量控制

促销监控

消费群体监控

公共关系监控

......

不同营销方案的侧重点不同，所以写作者在运用金字塔原理撰写营销方案时，还应根据项目的实际情况而定。

8. 如何写分析与解决问题的报告

在工作中，我们经常会在项目执行过程、产品研发过程或完成其他工作任务过程中遇到一些问题，问题解决后，领导通常会要求我们写一份分析与解决问题的报告。通过这份报告，领导可以全面了解员工分析与解决问题的过程，从而了解员工处理问题的能力，同时还可以指导我们今后怎么做才能避免出现此类问题或者在出现此类问题时如何从容应对。

但是很多人并不知道如何写分析与解决问题的报告，他们只会将问题列举出来，然后发表一些自己的见解。一份高质量的分析与解决问题的报告不只要列出问题，而更要进行深入、全面的问题剖析，并通过分析寻找最佳答案。写作者应该如何运用金字塔原理写出一份高质量的分析与解决问题的报告呢？

写作者在写分析与解决问题的报告之前，要确定读者对象。分析与解决问题报告的读者是领导，所以写作者要站在领导的角度，重点介绍领导关注的内容。通常，领导想通过分析与解决问题的报告获取的要点有"问题发生的背景及现状""问题界定""问题分析""解决问题的方案"。明确领导关注的要点后，写作者可以根据解决问题的逻辑顺序搭建金字塔框架，如图 5-7 所示。

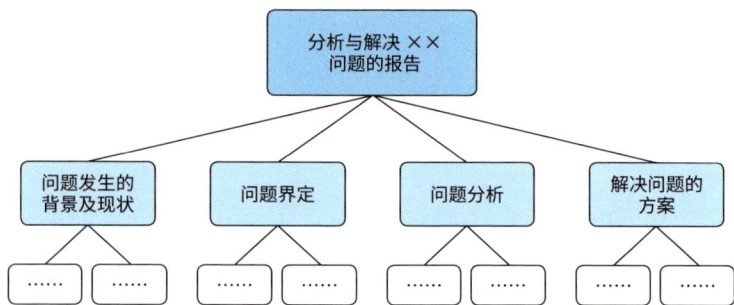

图 5-7　分析与解决问题的报告的金字塔结构

（1）列出标题

分析与解决问题的报告的标题一般应明确交代这是关于什么问题的报告，这样领导可以清楚地了解这篇报告的主题，如"分析与解决 ×× 问题的报告"。

（2）问题发生的背景及现状

分析与解决问题的报告的开篇应简明扼要地交代问题发生的背景及现状，让领导了解问题的大概情况。

问题发生的背景是指问题是在什么情况下发生的。

> 例如，"××公司为了解决内控[①]、财务安全问题，制定了全面的风险管理控制体系"。

现状是描述在该背景下产生的问题。

> 例如，"企业的风险管理控制体系较全面，管理也较严格，但是员工在执行的过程中只是被动地使用表格、应付检查，不太关注体系本身的内容和标准。这种被动执行风险管理控制体系的效果差强人意。"

---

① 内控是内部控制的简称，指一般公司内部的控制与运作。——编者注

（3）问题界定

了解问题产生的背景和现状后，领导比较关注的问题便是"如何界定这个问题"，也就是说领导想要了解问题主要出在什么地方，实际结果与期待结果之间存在怎样的差距。所以，写作者接下来就需要认真界定问题。

> 例如，期待的结果是员工可以理解制度设置的目的，能够认真按照制度的内容、要求执行制度，执行率能够达到85%以上。实际结果是员工被动地填写表格，并没有按照制度的内容和要求认真执行制度，执行率50%~60%。期待的执行率与实际的执行率的差距为25%~35%，这就是问题所在。

（4）问题分析

写作者要想解决问题首先必须对问题进行深入分析，找出导致差距存在的原因。所以，界定问题的下一步是对问题进行分析。

问题分析通常可以按照以下几个步骤展开。

①分析原因，尽可能多地罗列出可能导致问题产生的原因

这一步就要采用头脑风暴法，将所有可能导致问题产生的原因罗列出来。这个时候不要对这些原因进行分析和判断，只罗列就行。

②聚焦原因

列出所有可能导致问题产生的原因后，下一步就要对原因进行分析，找出重要原因。

③删除次因

对于与问题关联度不大的次因要果断删除，但是删除次因的时候一定要陈述删除的理由，避免不小心删除了重要原因。

④对重要原因进行结构化分析

找出导致问题产生的重要原因后，写作者还要运用金字塔原理对这些原因进行归类分组，并进行结构化分析。常见的结构化分析方法有鱼骨图法和决策树法，如图5-8、图5-9所示。

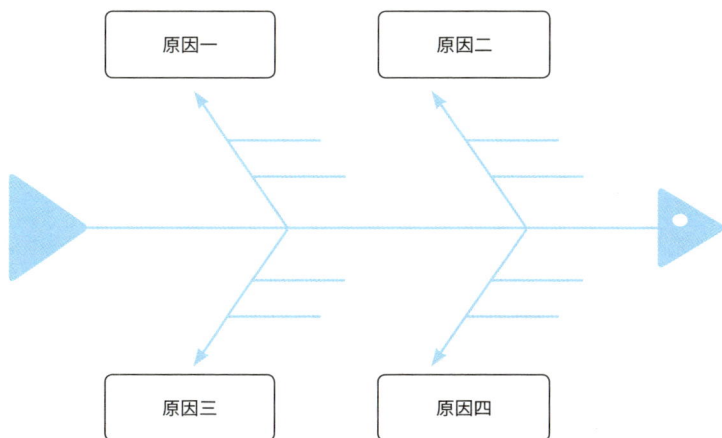

图5-8　鱼骨图法分析结构图

对重要原因进行结构化分析后，写作者就能明确主要存在哪些原因，这些原因具体存在于哪一个环节。这样便于写作者有针对性地制订解决问题的方案，成功解决问题。

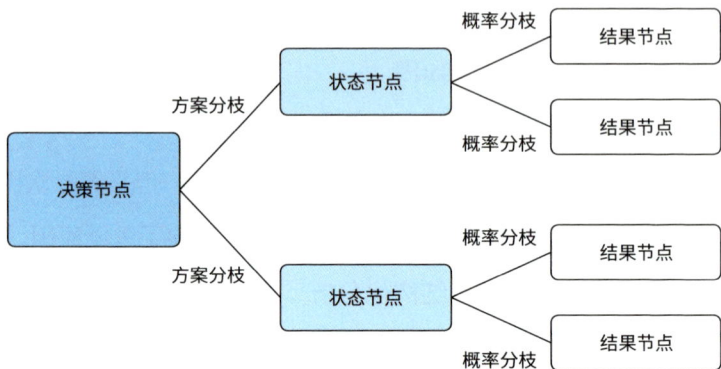

图 5-9　决策树法分析结构图

（5）解决问题的方案

这一步就是得出原因分析的最终结果，并制订解决问题的方案。

例如，关于 ×× 问题的解决方案是……

写作者在写解决问题的方案时，应按照重要性，即先写对结果影响较大的问题或紧急问题的解决方案，再写影响较小的问题或不是很紧急的问题的解决方案。

列出核心要点后，写作者可以围绕要点进一步收集资料、填充内容，使内容更加丰富、翔实。然后，按照金字塔结构自上而下地表述分析与解决问题的报告，常规模板如下。

分析与解决 ×× 问题的报告

在执行 ×× 工作的过程中，我们遇到了 ×× 问题……现将分析与解决 ×× 问题的情况报告如下：

一、问题发生的背景及现状

×× 公司针对内控、财务安全问题，制定了全面的风险管理控制体系，但是……

二、界定问题

预期结果是……

实际结果是……

两者之间存在的差距是……

三、问题分析

分析原因，尽可能多地罗列出导致问题产生的原因……

聚焦主要原因……

删除次因……

对重要原因进行结构化分析……

四、解决问题的方案

1.关于 ×× 问题的解决方案一是……

2.关于 ×× 问题的解决方案二是……

不同问题的性质不同，侧重点也不同，写作者还应根据问题的实际情况以及领导想了解的要点撰写报告，提升报告的质量。

9. 如何写职场沟通的邮件

社交媒体发达的时代，使用社交软件已经成为人们沟通的主流方式。但是在职场上，邮件因其内容完善、易存档等特点，仍然是人们在职场中使用的主要沟通方式。不过，并不是每个人都掌握了撰写高质量邮件的方法。

一份高质量的职场沟通邮件一定是结构完善、内容丰富、逻辑严谨的，我们同样可以运用金字塔原理去构思和撰写它。

在写职场沟通邮件之前，写作者一定要确定读者对象以及写邮件的目的，这样才能做到有的放矢。职场沟通邮件的读者对象一般是同事、上级、下级或者客户，读者对象不同，写作的表达方式、内容以及侧重点也不同。但是，无论职场沟通邮件的读者对象是谁，其写作的框架大致是相同的。

确定了读者对象和写作目的后，写作者可以据此收集相关资料，并总结要点，然后按照一定的逻辑顺序对要点进行排序，搭建金字塔结构，如图 5-10 所示。

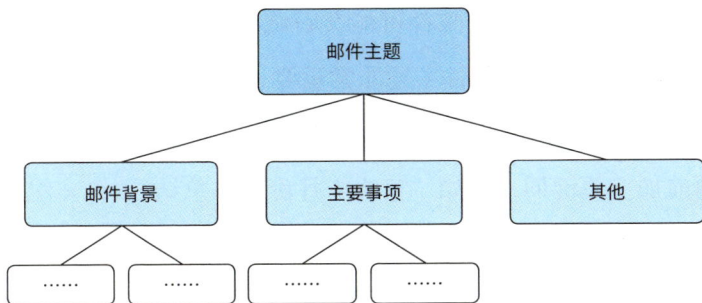

图 5-10　职场沟通邮件的金字塔结构

（1）邮件主题

　　金字塔原理的核心思想之一是结论先行，这一点运用到职场沟通的邮件中就是"邮件主题先行"，即要简明扼要地交代邮件的主题。

　　通常邮箱的第一栏是"收件人"，也就是我们要将邮件发给谁。这一栏可以填写一个收件人，也可以填写多个收件人。除了收件人，如果还有需要了解邮件内容的其他相关人员，也可以使用"抄送"功能将邮件抄送给其他人。在填写收件人和抄送人时要认真核对，以免将文件错发。

　　接下来就是"主题"，也就是我们所说的邮件主题，写作者需要在这一栏中简明扼要地填入邮件的主题。邮件发送后，对方的邮箱中会弹出邮件的标题，如"××项目合作邀约"，对方一眼就明白了这个邮件的主要内容。如果对方感兴趣，便会打开邮件，阅读邮件内容。反之，如果写作者没有写明主题，这封邮件可能会石沉大海。由此可以看出，有一个简洁明了的邮件主题非常重要。通常来说，为了让对方更快速地了解邮件的重要性或者便于邮件分类，可以在主题前加上关键词，比如"王明 7 月份工作总结""×× 公司 ×× 项目合作邀约""编辑部 2022 年度工作计划"。这样对方收到邮件后便能快速识别是由谁发送的，是否需要立即处理等。

（2）邮件背景

邮件的开篇应交代写邮件的背景，即出于什么目的写这封邮件。交代背景的时候应简明扼要。

> 某产品营销员想与某主播合作新产品的营销工作，在邮件的开篇可以写"我公司已经关注您的 ×× 账号很长时间了，您账号的内容风格、粉丝画像、数据等与我公司的多类产品非常契合，因此我公司想与您建立合作关系。"

这部分要注意的是，如果是第一次与对方联系，在交代背景之前你应先自报家门，告知对方自己是谁。否则对方会因为不知道你是谁而对邮件内容产生怀疑，这不利于邮件内容的传递。

> "您好，我叫 ×× ，是 ×× 公司的营销顾问。关于 ×× 公司，我先简单介绍一下……"

（3）主要事项

介绍完邮件的背景后，对方产生的疑问可能有"那么具体要做什么"。所以，写作者下一步就要回答这个问题，介绍邮件的主要事项。

> 产品营销员想与某主播合作几个新产品，那么营销员可以根据产品的重要性或其他逻辑顺序对合作的产品展开详细叙述。
>
> 目前我们公司想针对以下几个新产品与您合作。
>
> 第一， ×× 瑜伽垫……
>
> 第二， ×× 吹风机……
>
> 第三， ×× 面膜……
>
> 第四， ×× 清洁机……

沟通对象不同、沟通目的不同，沟通的主要事项就会不同。无论是什么事项，写作者都应对这些事项进行归类分组，并按照一定的逻辑顺序排列。这样才能确保结构完整、逻辑清晰，使对方能快速明白这封邮件的核心内容。

（4）其他

如果有什么特别想交代的内容可以在邮件的最后补充，如"期待您的回复，希望我们能够合作"。如果有一些表格或者内存较大的文件可以添加在附件中，方便对方查看。

利用金字塔原理搭建好邮件的框架后，写作者便可以按照金字塔框架自上而下地写邮件，常规模板如下。

收件人_____

主题　××项目合作邀约_____

正文

一、自报家门

您好！我叫××，是××科技有限公司的××。

关于我公司的简介如下：

……

目前我公司已与上千家优质品牌进行了合作，如……

二、邮件背景

我公司已关注您的××账号很长时间了，您账号的内容风格、粉丝画像、数据等与我公司的多类品牌非常契合，因此我公司想与您建立合作关系。

说话的逻辑：
用金字塔原理打通思考与表达

三、主要事项

目前我公司有几个新产品想与您合作，分别如下：

1.×× 瑜伽垫

2.×× 吹风机

3.×× 面膜

4.×× 清洁机

四、其他

期待您的回复。

如不方便回复邮件，可以直接添加我的 ×× 号沟通。

上文主要介绍的是利用金字塔原理搭建邮件的写作结构，邮件的具体内容还应根据实际情况而定。总之，写作者要交代清楚自己想表达的内容要点，让对方可以有效接收我们传递的信息。

第 **6** 章

**金字塔原理在
演示中的应用**

CHAPTER 6

演示的效果往往比文字表达和口头表达的体验感更好、视觉冲击力更强，更能吸引观众。所以越来越多的人想通过演示来呈现内容，吸引观众的注意力。演示看似复杂，但其实只要将金字塔原理运用其中，就会发现任何内容的演示都变得十分简单了。

1. 演示的两种形式：PPT 与短视频

日常工作中常见的演示形式主要有两种：PPT 与短视频。演示者要想通过演示传递自己想表达的信息，就应当对演示的这两种形式有所了解。

（1）PPT

PPT 是英文词组 PowerPoint 的缩写，是由微软公司推出的一种演示文稿软件，翻译成中文的话就是"演示文稿"或"幻灯片"。一套完整的 PPT 通常包括片头动画、PPT 封面、前言、目录、过渡页、图表页、图片页、文字页、封底、片尾动画等，使用的素材有文字、图片、图表、动画、声音、影片等。

因为 PPT 可以帮助人们将自己想表达的内容直观、形象地传递给观众，所以在日常工作中 PPT 的运用越来越广泛，经常被应用于工作汇报、企业宣传、产品推介、项目计划、管理咨询、教育培训等场合。

PPT 主要有以下几个特点。

①信息多元化，表现力强

利用 PPT 可以呈现各种不同形式的媒体信息，如文字、语言、图片、视频、动画、音乐等。使用 PPT 呈现的信息更加精彩、表现力更强，更能吸引观众的注意力，引起他们的观看兴趣。

②信息呈现更加便捷

在演示的过程中，演示者只需点击鼠标就可以方便快捷地呈现出自己想展示的内容。演示者可以边展示 PPT，边与观众互动或做一些其他更有价值的事情。

③帮助观众理解内容

PPT 可以帮助演示者突出演示的重点内容，帮助观众理解演示的内容，并跟上演示者的节奏。

④提升观众的体验感

PPT 能够增强观众对视角信息的感受，从而提升观众的体验感。

⑤为演示者提供清晰的思路

PPT 能够呈现演示者想表达的关键内容和结构，在演示的过程中可以对演示者起到提示作用，进而助力演示者有条不紊地呈现内容。

总体来说，PPT 可以吸引观众的注意力，辅助演示者生动、形象地传递信息。

（2）短视频

随着互联网的不断发展，人们获取信息的方式也发生了变化，逐渐从文字到图片，再转变为短视频。短视频是指在各种新媒体平台上播放的、适合人们在移动状态和休闲状态观看的、高频推送的视频内容，时长通常在几秒到几分钟不等，最长一般不超过 5 分钟。因为这种获取信息的方式更加便捷，获取的信息更加生动、形象，所以越来越多的人开始通过短视频获取信息。可以说，新时代已经成为短视频盛行的时代。为了适应时代的发展、满足人们的需求，我们应当了解并掌握短视频这种新的演示方式。

具体来说，短视频主要有以下几个特点。

①时间短、内容丰富

短视频的长度一般控制在 15 秒至 5 分钟，时间非常短。因为时间有限，所以创作者需要花费精力创造出播放时间短的高质量内容。所以，虽然短视频的时间短，但其内容十分丰富。在工作忙、压力大、生活节奏快的时代，人们在获取日常信息时习惯追求"短、平、快"。因此，短视频这种时间短、内容丰富、观点鲜明、言简意赅的信息呈现方式很受人们的欢迎。

②传播性强

短视频传播性非常强的原因主要有以下两点。

一是因为短视频的用户群体数量庞大，中商情报网数据显示，2021年上半年，我国短视频用户规模达8.88亿。用户的规模越庞大，短视频的传播性就越强。

二是智能推送，短视频平台几乎都有智能推送功能，即利用大数据将用户可能感兴趣的内容主动推送给用户，这样也增强了短视频的传播性。

③互动性强、黏性高

短视频因内容生动、形象，容易吸引观众对视频内容分享、点赞、评论。这样就能够增强演示者与观众之间的互动性，增加社交黏性，能够吸引观众停留在页面观看内容。

PPT和短视频属于演示呈现的不同形式，两者没有谁好谁坏之分，演示者和创作者需要做的是了解PPT和短视频的特点，然后根据演示对象和演示内容选择合适的演示方式。无论选择哪一种演示方式，演示者的最终目的都是吸引观众的注意，有效传递信息。

2. 设计演示的基本原则

为了提升演示的效果，演示者在设计时应遵循以下 3 个原则，如图 6-1 所示。

图 6-1　设计演示文稿的基本原则

（1）主题突出

金字塔原理强调写作、表达要突出主题，演示也是如此，演示者在设计演示文稿时应做到主题突出。

演示者在进行演示之前，要明确演示的中心思想，即演示的主题。演示的主题应简明扼要、精准表达，如 "××产品的营销计划"。然后，围绕主题展开演示。整个演示的主题有且仅有一个，演示的所有内容都必须与主题相关，要能够突出主题。

（2）少即是多

一些初学者在设计演示文稿时容易犯的错误是将所有内

容都堆砌在 PPT 或短视频中，认为内容越多越好。实际上，演示文稿与一般的文稿不同，它的原则是"少即是多"，即在演示中呈现的内容越少，能向观众传递的内容就越多。因为 PPT 或短视频的内容过多会分散观众的注意力，增加观众对内容的理解难度，这样观众能获得的信息就越少了。

如何遵循"少即是多"的原则呢？

①提取关键词，找到内容焦点

演示的内容中应只包含最重要的、经过适当分组和总结的思想（观点、论据、建议等），叙述时应尽量简洁。

例如，某团队的团队氛围不好，员工积极性不强。如果团队管理者做不好团队管理，便会导致很多员工抱怨，甚至会出现大量员工流失的情况。

> · 工作任务繁重是造成目前状况的原因之一。
> · 团队奖惩措施不完善，加剧了员工消极怠工的问题。
> · 管理者在工作中不能及时为员工提供帮助，是员工抱怨的主要问题之一。

虽然上面这段内容并不是很多，但是表述也不够精简，很难让观众一眼就看明白演示者想表达的重点内容是什么。演示者可以对上面的内容进行优化，提取关键词，找到内容焦点。

> **管理中存在的问题比较多。**
>
> 一是工作任务布置存在问题；二是奖惩措施不完善；三是管理者未给员工提供及时帮助。

将优化过的内容与优化之前的内容进行对比，可以发现，优化后的内容更少，更能让观众聚焦关键点，明白演示者想传递的内容。

②尽量使用短句

演示中切忌使用长句，也就是说，能用短句表达的一定不要用长句，因为长句很容易给人们造成阅读障碍，影响视觉体验。如果使用 PPT 演示，那么应注意每页 PPT 最好不要超过 6 行，字数 30~50 个为佳。如果一张 PPT 无法表达完一个思想观点，那么可以使用多张 PPT 来表达。

（3）图文并茂

演示文稿应图文并茂，使用各种类型的图表相配合。图表和文字的理想比例是图表占 90%、文字占 10%。

文字的主要作用有两个：第一，说明演示的框架结构；第二，强调重要的思想、观点、结论、论点、建议或者要采取的措施等。

图片主要用于阐明仅用文字难以表述清楚的内容，如数据、逻辑关系等。为了进一步认识图文并茂在演示过程中的重要性，我们来看下面的例子。

某演示者要表达的内容如下。

> 影响身体健康的因素主要有 5 个，它们的占比分别为：锻炼 30%、饮食 30%、交朋友 15%、娱乐 15%、阅读 10%。

虽然文字列举出的数据很详细，但是对于对数字不是很敏感的人来说，他们很难直观地感受到这 5 个因素的影响程度。下面我们配上饼状图再看一下演示的效果，如图 6-2 所示。

图 6-2　影响身体健康的因素

从图 6-2 中我们可以很直观地看出，图文结合的演示方式能够让人们一眼就能看明白影响身体健康的因素有哪些，以及各个因素的占比情况。所以，演示者在设计演示文稿时要尽可能地用图表辅助表达。

常见的图表形式

条形图：用宽度相同的条形的高度来表示数据多少，主要应用于显示各个项目之间的比较情况。

柱状图：又称长条图、柱状统计图，是一种以长方形的长度为变量的统计图形，适用于比较各个项目之间的情况，也可以用来表达时间序列的对比关系。

曲线图：主要用于技术分析。这种图形可以清楚地记录价格随时间变化而变化，以点标示价格的变化，并连点成线。

散点图：指在回归分析中，数据点在直角坐标系平面上的分布图。散点图通常用于表示相关性、相对关系，表明两个对象之间是否符合某种模式。

饼状图：饼状图显示一个数据系列中各项数据的大小占数据总和的比例。常用来表示对比关系，能够清晰地呈现各部分占总体的百分比。

　　不同的图表传递的信息不同，演示者在使用图表之前应明确自己想用图表阐述什么问题、传递什么信息，例如数量之间的比较可以用饼状图或柱状图。无论使用哪一种图表，好的图表可以立即将观众的注意力集中到你想强调的数据或内容上的。

高质量的演示可以突出主题，简洁地传递信息，让人们一眼就能看懂演示者想传递的信息。

3. 结构化演示的 5 个步骤

金字塔原理的核心是运用结构化思维思考和表达，在进行演示时，演示者要采用结构化思维进行结构化演示，这样才能确保演示的结构完善、逻辑严谨。结合金字塔原理，结构化演示主要有 5 个步骤，如图 6-3 所示。

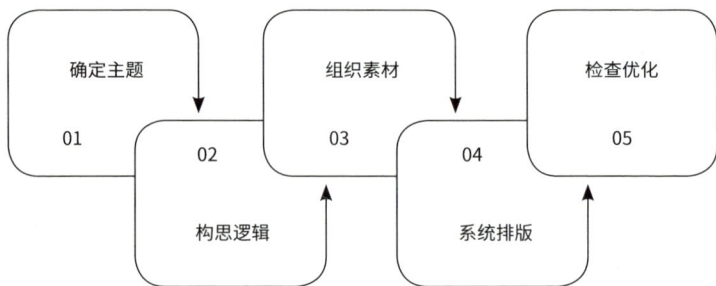

图 6-3　结构化演示的 5 个步骤

（1）确定主题

金字塔原理的核心之一是确定文章的核心思想，这一点运用到演示中就是确定演示的主题。

确定演示的主题和确定演讲、写作的主题一样可以分为两种情况。如果演示者知道自己要围绕什么主题进行演示，就无须再花费时间和精力确定主题。如果演示者对主题尚不明确，就要采取金字塔原理中自下而上的原则思考、总结演示的主题。

在这个环节，演示者不仅要确定演示的主题，还应明确演示的对象以及目的，这样才能有针对性地设计演示的内容、方式，做到有的放矢，提升演示的效果。

（2）构思逻辑

确定主题后，演示者便要根据主题收集相关资料和信息，然后进行归类分组、概括要点，并按照一定的逻辑顺序组织要点，搭建金字塔结构。

> 某演示者要设计一个关于某品牌介绍的 PPT。确定主题后，演示者收集相关资料并提炼出了要点，包括品牌简介、品牌标志、品牌识别、品牌发展历史、相关产品等。

接下来演示者可以选择合适的逻辑顺序组织要点，搭建金字塔结构，如图 6-4 所示。

这个步骤主要是设计演示的主题内容，并搭建结构，为演示作好铺垫。

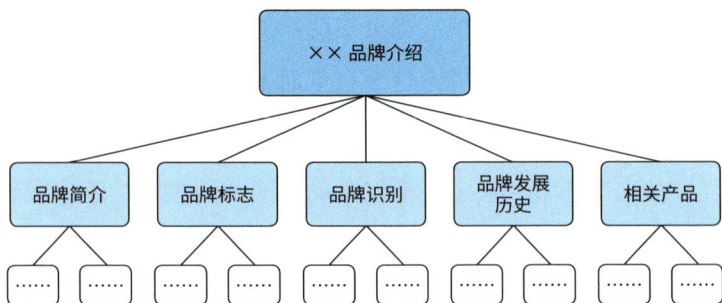

图 6-4 ××品牌介绍的金字塔结构

（3）组织素材

组织素材是指根据列出的要点进一步收集信息和资料，也就是我们所说的素材，然后将素材填入框架中。这个过程还可以对上个步骤的信息分类进行检查，对结构进行检验。如果发现信息分析得不正确，演示者应重新对信息进行归类分组，并调整、优化内容结构。同时，还要根据内容选择合适的图表，辅助内容的演示。

（4）系统排版

完成构思逻辑和组织素材这两个步骤后，演示者便可以按照金字塔原理自上而下的顺序设计演示内容，并进行排版。通俗地说，这个步骤就是对演示内容进行美化。

演示者要想排好版，为观众呈现一个视觉冲击力较强的演示内容，就应当掌握一些排版的技巧。演示排版通常应遵循以下几个原则。

①对齐原则

使用 PPT 进行演示时，演示者应遵循对齐原则。对齐原则就是演示中呈现的所有元素都要对齐，不能随意摆放。这样做可以使演示内容看上去更加整洁、清爽，能够提升观众的观看体验。

PPT 中常用的对齐方式有 3 种，左对齐、居中对齐和右对齐。通常封面文字的排版和内页文字的排版比较适合采用左对齐的方式，主题或要点比较适合采用居中对齐的方式，右对齐的方式在 PPT 中比较少见，不过也有一些演示者在封面排版中会使用右对齐的方式。具体选择哪一种对齐方式，应根据内容性质和演示者追求的演示效果而定。

②对比原则

所谓的对比原则是指通过演示元素之间的差异，制造视觉焦点。例如，介绍新产品时，可以将新产品与旧产品放在同一张 PPT 中演示，以突出新产品的优点。为了突出对比，演示者还可以在字体、字号上下功夫，对于想突出强调的内容可以放大字号、加粗文字，或者使用不同颜色以突出重点。

③亲密原则

亲密原则是指将相关的信息组织在一起，形成一个视觉单元。其实这就是我们在金字塔原理中提到的"对思想进行归类分组，将相似的思想归为一组"。这样做可以为观众提供一个清晰的信息结构。

④重复原则

这里的"重复"不是传统意义上的重复，而是指在对演示内容进行排版的时候，应当让页面中的某个元素（字体、配色、符号等）在整个作品中不断重复出现，以统一演示呈现的风格。统一的风格能提升演示设计的效果，吸引观众观看。

排版的技巧有很多，不同的演示内容、演示对象适合的排版风格不同。因此，演示者应当不断了解、研究、掌握更多的排版技巧，并将这些技巧运用到实际的演示中，帮助自己设计一个观赏性较好、视觉冲击力较强的演示。

（5）检查优化

检查优化是结构化演示的最后一个步骤，也是比较关键的一个步骤。检查优化简单地说就是对设计好的演示内容进行检查，主要检查是否存在错别字、信息归类分组是否正确、图表的数据是否正确、图表使用是否恰当等。如果发现有问题一定要及时调整、优化，确保内容正确。

按照以上几个步骤做的话，便可以结构化地设计演示内容，确保演示内容的结构完整、逻辑严谨，从而可以吸引观众的注意力，提升演示呈现的效果。

4. 如何在演示中呈现金字塔结构

演示者明确演示的主题和内容后，便可以根据已梳理的信息，自上而下地搭建金字塔结构了。那么，在具体的演示中如何呈现金字塔结构呢？

在演示中呈现金字塔结构其实与在文章中呈现金字塔结构的方法相同，只是展示的形式不同而已。为了更好地在演示中呈现金字塔结构，演示者首先应对内容进行归类分组，按照一定的逻辑顺序组织内容，并搭建金字塔结构，如图6-5所示。

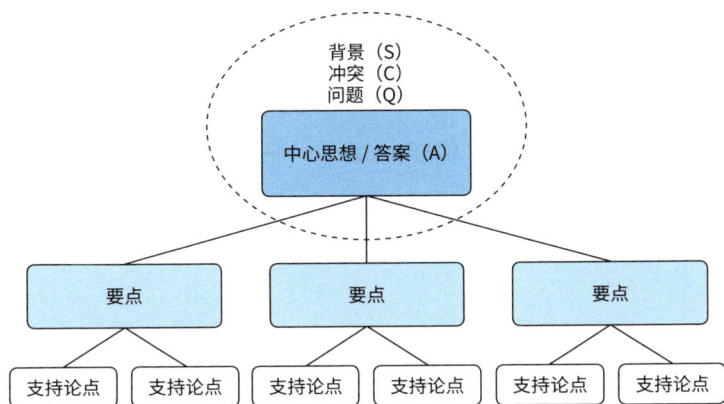

图6-5　演示的金字塔结构

搭建好金字塔结构后，可以将具体内容填入框架中，然后自上而下地演示。

（1）背景

即介绍本次演示的背景。背景应与演示的主题相关，且是观众公认的事实，例如需要完成的某项任务、存在的某个问题。交代背景时应简明扼要、图文结合，便于观众快速理解、记忆。

（2）冲突

交代清楚背景后，观众可能会对背景表示认同，但他们也可能会产生这样的疑问："是的，我认同你的说法，但是又如何呢？"或"为什么要告诉我这些呢？"当观众产生这些疑问后，演示者可以顺理成章地提出背景中的冲突。

> 例如，背景是"需要完成 ×× 任务"，冲突为"在完成该任务的过程中遇到了一些阻碍"。

（3）介绍中心思想和关键句要点

介绍完背景和冲突后，观众可能会产生这样的疑问："那么应该如何解决这个问题呢？"这个时候，演示者就可以自然地引出该问题的答案，即演示的核心思想。这个过程其实就相当于运用金字塔原理的 SCQA 法则写序言。所以引出冲突后，下一步就是要提出文章的中心思想和关键句要点，让观众了解这次演示到底会呈现哪些内容。

在介绍中心思想和关键句要点时应简明扼要，进行概括性地叙述。

（4）阐述关键句要点以及支持论点

一个中心思想下可能有两三个或以上的关键句要点。演示者下一步要做的是——对这些关键句要点展开详细阐述，并给出相关的支持论点。

按照以上几个步骤就可以使演示呈现出金字塔结构。为了让大家更直观地看到在实际演示中的金字塔结构，我们以如何在 PPT 中呈现金字塔结构为例，如图 6-6 所示。

在实际演示中呈现金字塔结构其实并不难，先根据金字塔原理写出序言、提炼出中心思想和关键句要点，然后对关键句要点展开详细叙述，最后自上而下地演示即可。

5. 如何做企业宣传的演示

企业与企业之间的竞争越来越激烈，企业要想在竞争激烈的环境中取得一席之地，就需要扩大自身的知名度，被更多人知晓。为此，不少企业开始通过各种演示方式对自身进行宣传。然而虽然一些企业做了不少的宣传工作，但是效果

序言（背景、冲突、疑问）	中心思想和要点
• • •	_____ 1._____ 2._____ 3._____

要点 + 支持论点	支持论点描述 + 图表
1._____ (1)_____ (2)_____ (3)_____	(1)_____ (2)…… (3)……

要点 + 支持论点	支持论点描述 + 图表
2._____ (1)_____ (2)_____ (3)_____	(1)_____ (2)…… (3)……

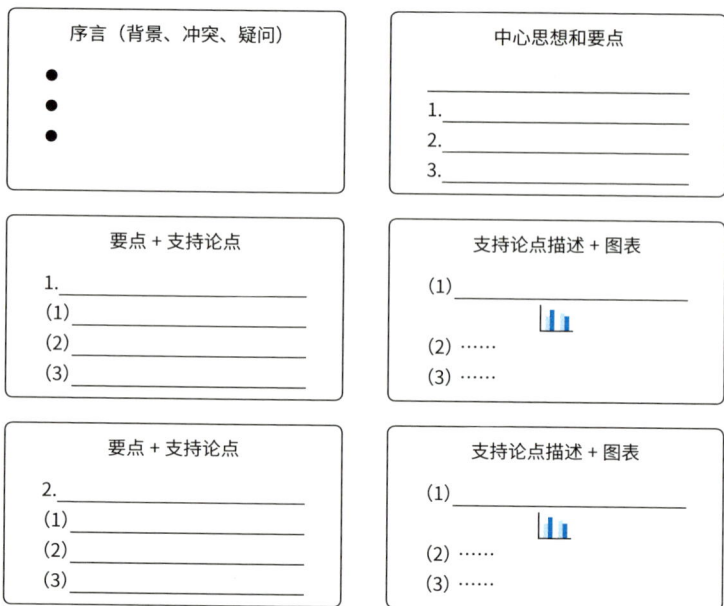

图 6-6　用 PPT 呈现金字塔结构的中心思想和要点

却甚微。为什么会出现这种情况呢？因为有效的企业宣传不是只简单地告知人们自家企业叫什么名字，经营什么内容，而是应该全面、系统地介绍企业，宣传企业的特色，让人们深入了解企业。

无论是采取 PPT 的方式还是短视频的方式进行演示，演示者都首先需要利用金字塔原理搭建金字塔结构。

设计企业宣传的演示内容时，首先要确定企业宣传演示的观众是谁。企业宣传演示的观众主要是大众或对企业产品比较感兴趣的用户，所以演示者应站在大众的角度思考他们想通过观看演示了解企业的哪些信息。通常，大众想通过观看企业宣传了解的信息有：企业的基本信息、企业经营的产品、企业的市场状况以及企业的前景展望等。

明确了大众想了解的信息后，演示者便可以开始收集相关资料，并对资料进行归类分组，总结要点并对要点进行逻辑排序，然后搭建企业宣传演示的金字塔结构，如图6-7所示。

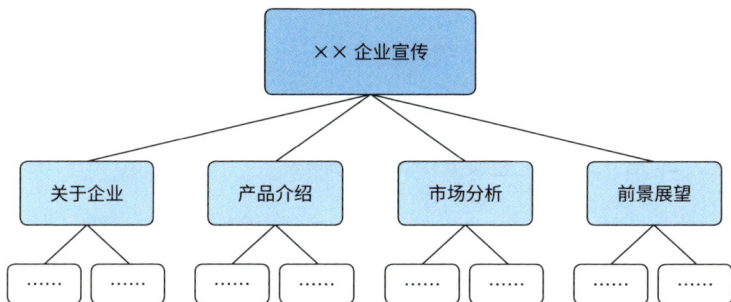

图 6-7　企业宣传演示的金字塔结构

（1）明确主题，提出中心思想

在企业宣传演示的开篇，演示者应明确主题、提出中心思想，并介绍演示的关键句要点。

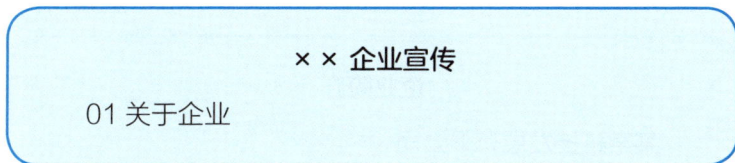

> **×× 企业宣传**
>
> 01 关于企业

02 产品介绍

03 市场分析

04 前景展望

（2）关于企业

演示者介绍完演示的中心思想和关键句要点后，下一步就要对每个要点展开详细阐述。

首先，概括性地介绍关键句要点中的分要点或支持论点，即先介绍关于企业的内容有哪些。

01 关于企业

· 企业简介

· 企业发展历程

· 企业荣誉

……

然后具体介绍分要点或支持论点。

企业简介

某某科技发展有限公司……

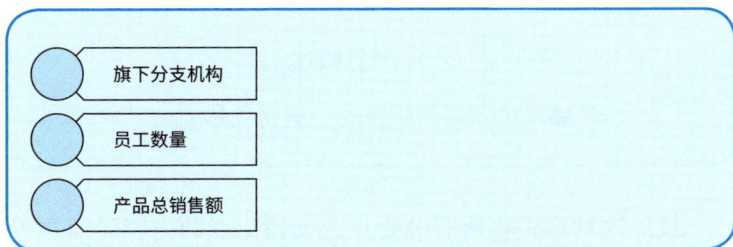

按照这种形式将所有分要点或支持论点的内容详细介绍完即可。

（3）产品介绍

这部分要详细介绍企业主营的产品有哪些。

同样，先概括介绍关键句要点中的分要点或支持论点，即先概括性地介绍企业有哪些产品。

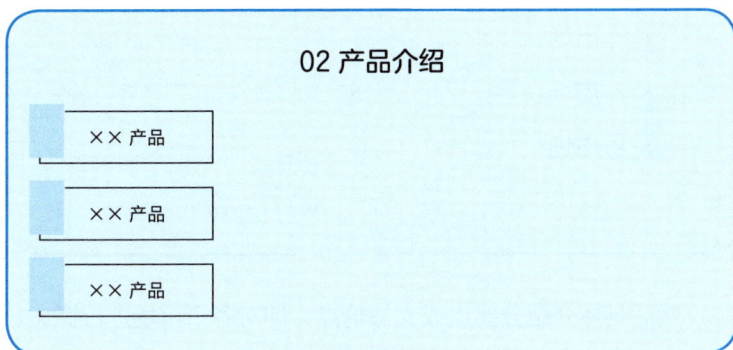

然后具体介绍分要点或支持论点。

> **×× 产品概述**
>
> ×× 产品是企业最新研发的，其特色是……

按照这种形式将所有分要点或支持论点的内容详细介绍完即可。

（4）市场分析

这部分应详细介绍企业当前占领的市场有哪些。同样，先概括介绍关键句要点中的分要点或支持论点，即先概括性地介绍企业目前的市场现状。

> **03 市场分析**
>
> ×× 市场
>
> ×× 市场
>
> ×× 市场
>
> ……

然后具体介绍分要点或支持论点，即对各个市场进行概述。

> **×× 市场概述**
>
> ×× 产品的市场销量非常好……

按照这种形式将所有分要点或支持论点的内容详细介绍完即可。

（5）前景展望

这部分应详细介绍企业对未来发展的规划。

同样，先概括介绍关键句要点中的分要点或支持论点，即先概括性地介绍企业的前景展望。

04 前景展望

× × 目标

× × 目标

× × 目标

……

然后具体介绍分要点或支持论点，即介绍细分的目标。

× × 目标

企业期望在未来 3 年内实现……

按照这种形式将所有分要点或支持论点的内容详细介绍完即可。

按照以上顺序将内容演示出来，就是一个结构完善、逻辑通顺的演示。但是演示者要注意的是，不同企业宣传的侧重点不同，所以在设计企业宣传的演示内容时，演示者应根据企业期望达到的演示效果而定。同时，演示者要根据内容多用图表，做好排版，提升演示的观赏性和视觉效果。总之，整体的演示宣传一定要突出企业的特色，符合企业形象，能提升企业的知名度。

6. 如何做产品宣传的演示

企业与企业之间的竞争最后都会聚焦在产品上，也就是说，企业之间的竞争从某个角度来说，也是产品之间的竞争。为此，很多企业都非常重视产品宣传，希望通过各种媒介进行产品宣传演示，将产品信息传递出去，让大众熟知产品。这样在提高产品销量的同时也可以提升企业的知名度。

在做产品宣传的演示时，要想吸引观众的注意力就要做到结构完善、内容丰富、逻辑严谨，且要具有极强的视觉冲击力和较高的观赏性。演示者要想使产品宣传演示达到这种效果，就要运用金字塔原理。

设计产品宣传的演示内容时，首先要确定产品宣传演示的对象是谁。产品宣传演示的对象主要是消费者或潜在消费者，所以演示者应站在消费者或潜在消费者的角度思考他们想通过观看演示了解产品的哪些信息。通常，消费者或潜在消费者想通过观看产品宣传演示了解的信息有：产品所属企业的信息、产品介绍、企业的联系方式等。

明确消费者或潜在消费者想要了解的信息后，演示者便可以开始收集相关资料，对资料进行归类分组，总结要点，对要点进行排序，然后搭建产品宣传演示的金字塔结构，如图 6-8 所示。

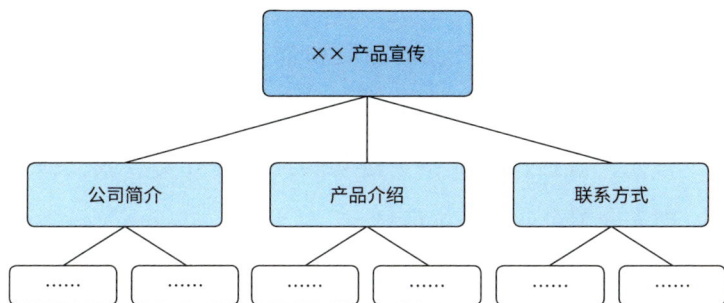

图 6-8　产品宣传演示的金字塔结构

（1）明确主题，提出中心思想

在产品宣传演示的开篇，演示者应明确演示的主题，提出中心思想，并介绍演示的关键句要点。

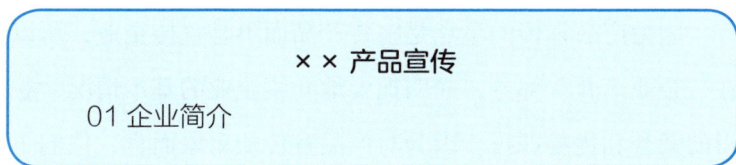

×× 产品宣传

01 企业简介

> 02 产品介绍
>
> 03 联系方式

（2）企业简介

对于消费者而言，他们不仅关心产品本身，还关心该产品是由哪家企业生产的。因为从某种程度上来说，企业的知名度、信誉都代表着产品的品质和企业的售后服务。所以，产品宣传演示的开篇应介绍企业。

首先，概括性地介绍关键句要点中的分要点或支持论点，即先介绍企业的基本信息。

> **01 关于企业**
>
> · 企业简介
>
> · 企业荣誉
>
> · 企业优势
>
> ……

因为产品宣传的重点是宣传产品而不是宣传企业，所以在"企业简介"部分，简明扼要地介绍企业的基本情况、获得的荣誉和优势即可。因为对产品宣传的对象而言，他们主要关注的是企业的信誉和知名度。

然后具体介绍分要点或支持论点。

企业简介

某某科技发展有限公司……研究方向聚焦在以下 3 个

方向：

○ ……

○ ……

○ ……

按照这种形式将所有分要点或支持论点的内容详细介绍
完即可。

（3）产品介绍

产品介绍是产品宣传的核心内容，所以演示者要认真、
精心设计这部分内容。产品介绍主要是介绍本次宣传的产品
有哪些及这些产品的特点。

首先，概括性地介绍关键句要点中的分要点或支持论
点，即先介绍本次宣传的产品有哪些。如果只宣传一个产
品，那么这个步骤便可以跳过，直接详细介绍产品即可。

02 产品介绍

×× 产品

×× 产品

×× 产品

然后具体介绍分要点或支持论点，即对各个产品进行详细概述。

×× 产品概述

（1）研发背景、流程

背景：……

流程：

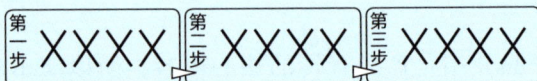

（2）产品优势与特点

优势一：产品在设计方面……

优势二：产品的用料……

按照这种形式将所有分要点或支持论点的内容详细介绍完即可。

（4）联系方式

产品宣传演示的目的是让更多的消费者了解产品并产生购买意愿，所以在演示中还应留下企业的联系方式，方便看完产品宣传演示想购买产品的消费者联系企业，购买产品。

联系方式

联系电话：138×××××××

邮箱：……

企业官方平台：……

不同的产品宣传侧重的内容不同，所以演示者在运用金字塔原理搭建好框架后，还应根据产品的性质、企业的需求、消费者的需求等设计产品宣传演示的内容。同时要注意，产品宣传演示中要多使用产品的图片，尤其是细节图，便于消费者深入了解产品，产生购买意愿。

7. 如何做产品说明的演示

产品说明演示是指通过演示对产品进行相对详细的描述，使用户认识某产品并了解如何使用该产品。所以，演示者在设计有关产品说明的演示时，应站在用户的角度思考，了解用户想从产品说明的演示中获取哪些信息。通常，用户想从产品说明的演示中获取的信息有，产品名称、产品零件的详细信息、产品使用方法、注意事项等。

明确了产品说明的主要信息后，演示者便可以开始收集相关资料，对资料进行归类分组，总结要点，对要点进行排序，然后搭建产品说明演示的金字塔结构。

不同产品说明的演示内容不同，下面以某品牌电冰箱为例，介绍其产品说明演示的金字塔结构，如图6-9所示。

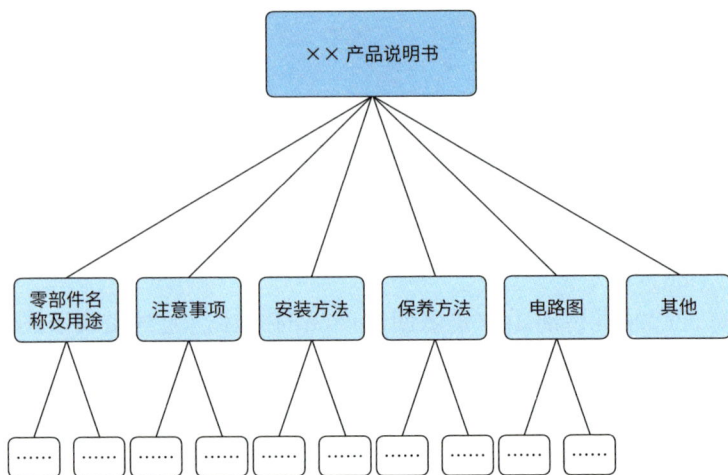

图6-9 某品牌电冰箱使用说明演示的金字塔结构

搭建好金字塔结构后，演示者便可以按照金字塔结构自上而下地进行演示，如图6-10所示。

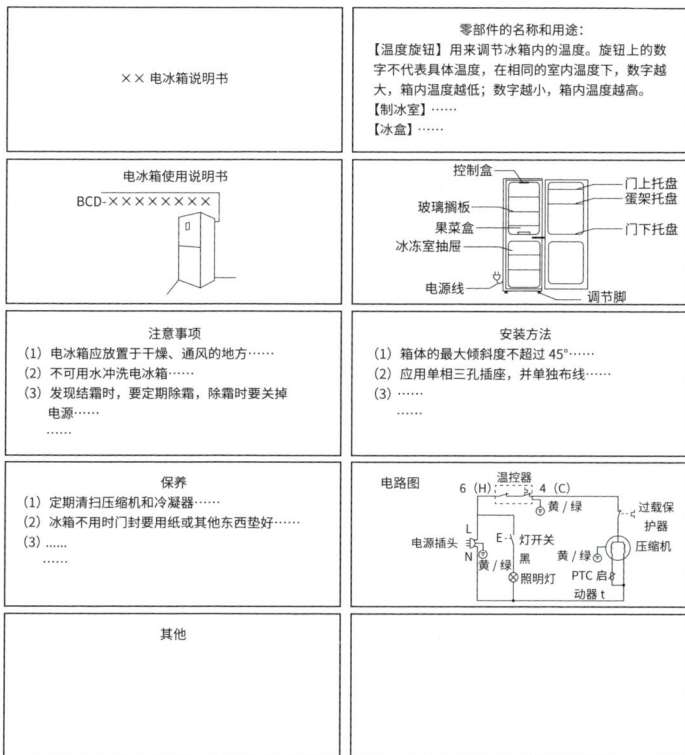

图 6-10　产品说明的演示呈现

产品说明的种类有很多，不同种类的说明书的内容不同，但基本结构是相同的。演示者要想设计出优秀的产品说明演示，不仅要掌握产品说明演示的金字塔结构，还应根据产品说明的种类设计内容，并调整和优化内容，使产品说明演示符合产品的性质，满足用户的需求。

8. 如何做工作汇报的演示

第4章第4节我们介绍了如何运用金字塔原理做好工作汇报，主要介绍的是金字塔原理在演讲中的运用。实际上，一些职场人士在进行工作汇报时通常会用演示的方式辅助自己表达，使工作汇报更加生动、形象。所以，我们不仅要学会如何运用金字塔原理进行工作汇报，还应当学会用金字塔原理设计工作汇报的演示，使工作汇报更加立体和精彩。

下面以某鞋店为例，介绍如何作工作汇报的演示。

某鞋店的领导要求每家门店的店长每日向自己进行工作汇报。

门店店长可以在每日的工作结束后，收集并整理当天销售的相关资料，然后搭建金字塔结构，如图6-11所示。

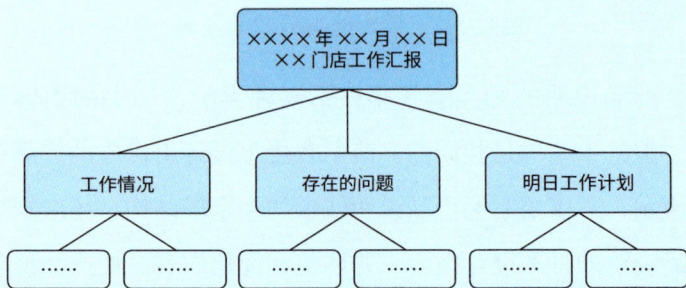

图6-11　某鞋店店长每日工作汇报的金字塔结构

搭建好金字塔结构后，便可以按照金字塔结构自上而下地进行演示，如图 6-12 所示。

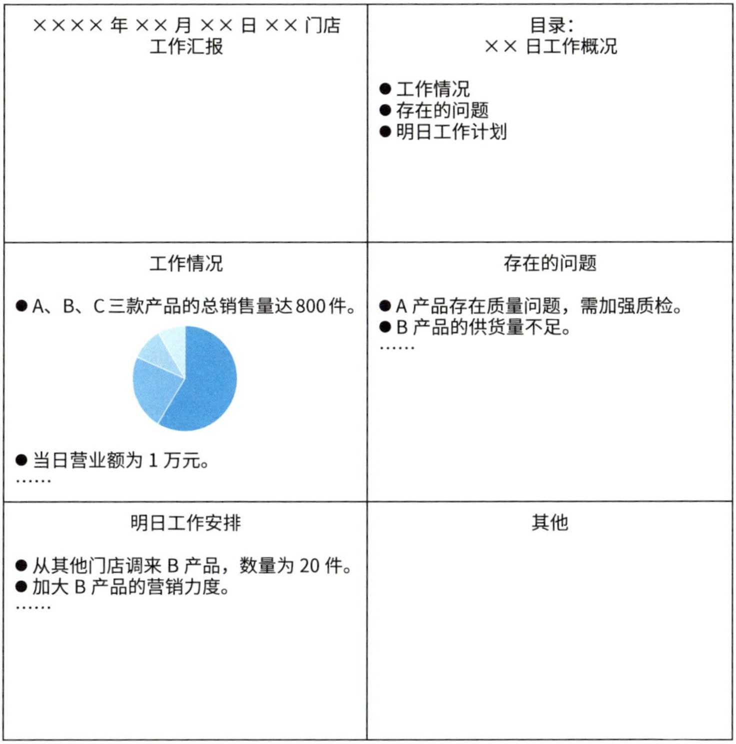

××××年××月××日××门店 工作汇报	目录： ××日工作概况 ● 工作情况 ● 存在的问题 ● 明日工作计划
工作情况 ● A、B、C三款产品的总销售量达800件。 ● 当日营业额为1万元。 ……	存在的问题 ● A产品存在质量问题，需加强质检。 ● B产品的供货量不足。 ……
明日工作安排 ● 从其他门店调来B产品，数量为20件。 ● 加大B产品的营销力度。 ……	其他

图 6-12　某鞋店每日工作汇报的演示

不同性质的工作汇报侧重的内容不同，例如关于某项目的工作汇报，领导比较关心的问题是项目进度、交付日期等，所以演示者在设计工作汇报的演示时还应根据实际情况设计演示呈现的内容，让领导全面、深入地了解自己的工作情况。

9. 如何做个人演讲的演示

第 4 章详细介绍了金字塔原理在演讲中的运用，演讲者可以运用金字塔原理写演讲稿，开展一场完美的演讲。如果我们已经掌握了运用金字塔原理写演讲稿并开展演讲的技巧，那么做个人演讲的演示就比较简单了。

个人演讲的演示就是将演讲内容的关键句要点和支持论点提炼出来，并在适当处加上图表、视频或音频辅助表达。具体来说，个人演讲的演示首先要确定演讲主题、明确演讲对象，然后围绕主题收集资料、提炼要点，最后搭建金字塔结构并自上而下地进行演示，如图 6-13 所示。

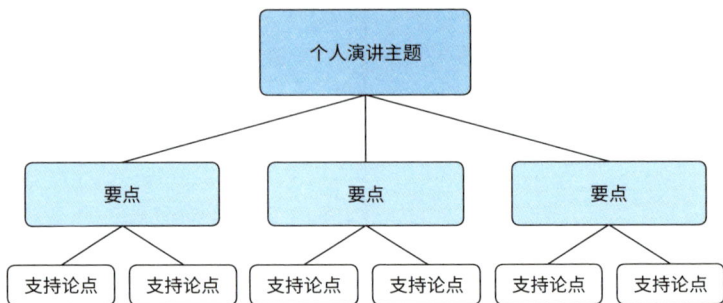

图 6-13　个人演讲的金字塔结构

在个人演讲的演示的开篇，演示者应明确主题，提出中心思想，并介绍演示的要点。

点明主题，提出中心思想后，演示者要对中心思想下的要点及支持论点展开详细阐述。这一点可以参考本章第 4 节的内容。具体方式如图 6-14 所示。

关于 ×× 的主题演讲	目录： 要点 …… …… ……
1. 要点 1 （1）支持论点 1 （2）支持论点 2 ……	2. 要点 2 （1）支持论点 1 （2）支持论点 2 ……
3. 要点 3 （1）支持论点 1 （2）支持论点 2 ……	结束语

图 6-14　个人演讲的演示

　　演示者在设计个人演讲的演示内容时，除了要搭建金字塔结构，确保内容的完整性、逻辑的严谨性，还要注重演示的排版。演示的排版越美观，越能突出演讲者的风格、魅力，提升演讲效果。

第**7**章

金字塔原理在项目
路演和招商中的应用

CHAPTER 7

金字塔原理在项目路演和招商中的应用比较广泛，例如日常工作中的项目招商方案、招商路演思路、招商项目的演示、指导政府的精准招商、政府招商会的项目推介，都可以运用金字塔原理。

1. 如何撰写项目招商方案

　　项目招商是一种营销方式，其实质是整合合作双方的资源，从而实现双方的共同价值。企业要想寻找合适的合作伙伴来共同创造价值，就需要精心布局项目招商方案，促进项目招商工作顺利开展，助力项目招商取得成功。

　　一份优秀的项目招商方案一定是结构完善、逻辑清晰、内容完整的，阅读对象看完之后就能够了解项目的实际情况，明确招商方向，从而有针对性地采取行动。实际上，只要巧妙地将金字塔原理运用到项目招商方案的写作中，就能够取得这样的效果。

　　那么，如何运用金字塔原理撰写项目招商方案呢？

撰写项目招商方案前，首先要明确项目招商方案的阅读对象。项目招商方案的阅读对象是内部人员（领导和同事），所以写作者要站在内部人员的角度思考，了解他们希望从项目招商方案中获取哪些信息。对于内部人员而言，他们希望从项目招商方案中了解的主要内容有项目的基本情况、项目招商策略、招商筹备、招商团队、落地执行、方案实施后的跟踪和反馈等。

明确内部人员想从项目招商方案中获得哪些信息后，写作者要对这些信息进行归类分组、提炼要点，然后选择恰当的逻辑顺序对要点进行排序，并搭建金字塔结构，如图7-1所示。

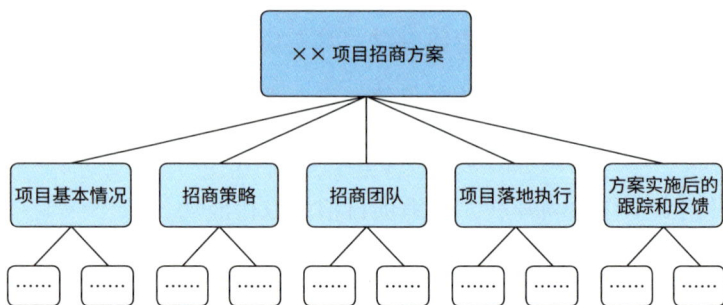

图 7-1　××项目招商方案的金字塔结构

搭建好项目招商方案的金字塔结构后，写作者按照自上而下的顺序就可以写出一篇结构完善、逻辑通顺、内容完整的项目招商方案了。

（1）列出标题

撰写项目招商方案的第一步是提出主题并列出标题，让阅读对象知道这是关于什么项目的招商方案，例如"××项目招商方案"。

这一点非常重要，如果不交代清楚，对方很可能不会继续阅读下面的内容。

（2）项目基本情况

介绍了项目招商方案的主题后，阅读对象接下来想了解的内容是项目的基本情况。所以，提出项目招商方案的主题后，紧接着就要介绍项目基本情况。

项目基本情况通常包括项目名称、项目定位等内容。介绍这些内容时应简明扼要，让阅读对象了解项目的概况。

（3）招商策略

招商策略是招商方案中的核心内容，也是阅读对象比较关心的内容，所以这部分内容一定要详细、充实。

不同的项目适合的招商策略不同，常见的招商策略有通过行业交流会进行招商、通过广告进行招商、通过招商人员直接上门拜访进行招商等。具体采取什么样的招商策略应根据项目的性质和实际情况而定。

（4）招商团队

为了成功招商，有些项目在招商时还会成立专业的招商团队。例如，招商部经理 1 名、企划部经理 1 名、职员 2 名……

（5）项目落地执行

为了确保项目招商方案可以落地，促进项目招商目标的达成，项目招商方案中还应介绍如何将此方案落地执行的方案。项目招商方案的落地执行内容通常包括招商物料设计、招商运营系统、实施辅导等。

（6）方案实施后的跟踪和反馈

为了确保方案可以真正意义上落地，取得理想的效果，项目招商方案中通常还应阐述方案实施后如何跟踪和反馈。

方案实施后的跟踪和反馈的内容包括采取哪些措施进行跟踪和反馈、反馈的形式等。

列出要点、搭建好框架后，写作者可以围绕主题和要点收集更丰富的内容和素材，并填入对应的方框中。内容填充好后，写作者只要按照金字塔结构自上而下的顺序即可写出一篇优秀的项目招商方案，常规模板如下。

××项目招商方案

为了……设计的 ×× 项目招商方案如下：

一、项目基本情况

1.项目名称：×× 项目

2.项目定位

以家庭为主要消费群体，丰富的业态组合……

……

二、招商策略

1.通过 ×× 行业展会与会议进行招商

……

2.通过广告进行招商

广告内容……

广告形式……

广告发布渠道……

……

三、招商团队

招商部经理和职员各 1 名。

客户服务部经理和职员各 1 名（为重要客户提供接待、说明等服务）。

企划部经理和职员各 1~2 名（收集市场信息、调查和研究市场、制订招商指导书/计划书、招商广告媒体的选择）。

财务部职员 1~2 名（招商费用预算及效果评估）。

……

四、项目落地实施

1.招商物料设计

……

2.招商运营系统

……

3.实施辅导

……

五、方案实施后的跟踪和反馈

1.主动征询和收集外部人员对项目招商内容的意见和建议……

2.对在招商活动中取得的成果继续跟踪……

3.对在招商活动中已经签约的项目加快立项和报批工作，使合作项目进入实质性的建设和实施阶段。

……

以上介绍的是常规项目招商方案包括的内容，不同项目的性质不同，招商的侧重点也不同，写作者在具体写作时应根据项目性质和要求填入内容，确保可以撰写出一份优秀的项目招商方案。

2. 如何应用金字塔原理设计招商路演思路

不少人在设计招商路演的内容时感到困难，不知该如何思考，也厘不清思路。面对这个问题我们该怎么解决呢？运用金字塔原理，我们不仅可以自上而下清晰地表达，也可以自下而上清晰地思考。所以，写作者可以运用金字塔原理设计招商路演思路。

（1）列出所有与招商路演主题相关的资料和信息

在这个环节，写作者无须思考，只要搜集并列出所有与招商路演主题相关的资料和信息即可。列举资料和信息的时候，可以制作一张表格，将从收集的资料和信息中提炼的要点填入其中，见表7-1。

表7-1　招商路演的要点

项目	具体内容
企业基本情况	
项目定位	
企业发展历史	
市场概括	
投资汇报	
……	

（2）筛选资料，删除关联性不大的资料

罗列出的要点中难免会有一些与招商路演的主题关联性不大的内容，我们要将这些内容删除，只留下关联性较大的要点。

（3）对筛选出的资料归类分组，概括总结

这个环节要运用金字塔原理对筛选出的要点进行归类分组，将相似的资料归为一组，并概括总结，提炼关键句要点，见表7-2。

表 7-2　归类分组、概括总结的模板

企业简介	企业基本情况
	企业发展历史
	企业优势
	……
项目概况	项目名称
	项目定位
	……
……	……

（4）找出要点的逻辑关系，得出结论

提炼出要点后，写作者还要找出关键句要点之间的逻辑关系，并进一步概括总结、得出结论，即得出招商路演的主题或核心思想。

总的来说，招商路演的设计思路就是搜集与招商路演的主题相关的资料，然后对这些资料进行筛选、提炼要点，再总结概括，直到没有与招商路演的主题相关的要点可以继续概括为止。

按照金字塔原理自下而上的方法可以让写作者的思路更加清晰，在此基础上，撰写招商路演的方案就比较简单了，写作者只要自上而下地表达思考的内容即可，如图7-2所示。

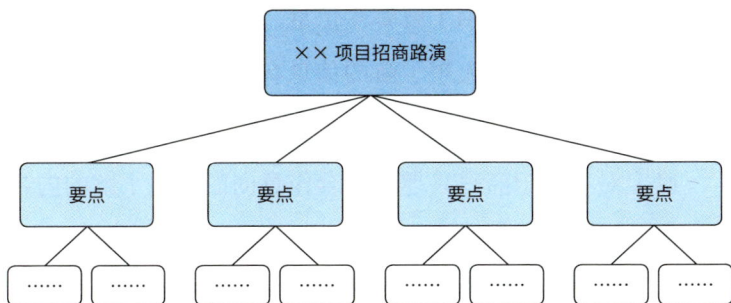

图7-2　招商路演的金字塔结构

所以，当写作者面对一个陌生项目的招商路演时，可以利用金字塔原理搭建金字塔结构，然后自下而上地思考就可以帮助自己理清思路，助力自己撰写出逻辑清晰、结构完善的招商路演方案。

3. 如何做项目招商路演的演示

在项目招商路演中，一些招商者为了活跃招商现场的气氛，引起观众的兴趣，通常会通过演示来辅助表达。这个时候就可以运用金字塔原理，设计一个结构完善、逻辑通顺的演示。

在设计项目招商路演的演示前，演示者要确定演示的对象是谁，这样才能设计出针对性较强的演示，提升演示的效果。通常，项目招商路演的观众是对项目感兴趣或有合作意向的人，演示者应站在这些人的角度思考，了解他们想通过项目招商路演的演示了解哪些信息。通常，对项目招商感兴趣或有合作意向的人想了解的信息有：企业简介、项目概况、产品运营、市场分析、投资回报等。

确定对项目招商感兴趣或有合作意向的人想了解的内容后，演示者便可以据此收集相关资料，然后对资料进行归类分组、提炼要点，并按照一定的逻辑顺序组织要点，搭建金字塔结构，如图 7-3 所示。

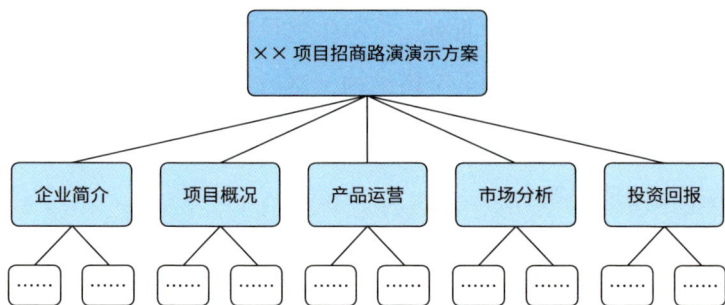

图 7-3　招商路演演示的金字塔结构

搭建好金字塔结构后，演示者要做的是将内容填充到框架中，并在合适的地方绘制图表、插入图片，以辅助表达，提升视觉效果。内容填充完善后，演示者便可以设计项目招商路演的演示了。

下面为 ×× 项目招商路演的演示，如图 7-4 所示。

××××项目招商路演的演示	目录： 01 企业简介 02 项目介绍 03 产品运营 04 市场分析 05 投资回报
01 企业简介 (1) 企业基本情况 (2) …… (3) ……	02 项目介绍 (1) …… (2) …… (3) ……
03 产品运营 (1) …… 图1　图2 图3　图4 (2) …… (3) ……	04 市场分析 (1) …… (2) …… (3) …… 目标用户分析　竞争对手分析 ……

05 投资回报	其他
图表标题 20 10 0 类别1 类别2 类别3 类别4 ━ 系列1　━ 系列2　　系列3 (1) …… (2) …… (3) ……	

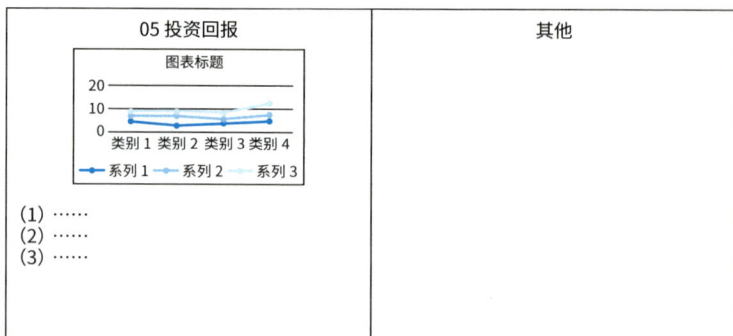

图 7-4　××项目招商路演的演示

演示者在设计项目招商的演示时，除了要搭建完善的结构，还要根据项目的性质、侧重点填充内容，确保能突出项目的特色，吸引观众，促进招商路演成功。

4. 如何应用金字塔原理指导政府精准招商

精准招商是指地方政府为了招商引资，相关部门通过各种手段挖掘招商引资线索，提升招商引资的效率，实现精准招商。但是，实现精准招商并不是一件容易的事情，很多相关人员在招商引资时都会抱怨花费了大量的时间和精力，但是招商效果并不理解。其实，运用金字塔原理就可以解决这个问题，有效指导政府实现精准招商。

政府要想实现精准招商就要做到头脑清楚、思路清晰，明确招商目的，精准锁定招商对象，做到有的放矢。政府的招商人员可以运用金字塔原理自下而上地思考，明确招商目的，锁定招商对象。

在招商之前，政府相关人员应先围绕招商项目收集相关的资料和信息，然后筛选出与招商关联性较大的资料和信息并提炼要点，再对要点进行归类分组、总结关键句要点，最后找出关键句要点之间的逻辑关系，得出结论并搭建金字塔结构。这里可以参考本章第2节的内容。

自下而上地思考后，招商人员可以得出一个完善的项目招商内容，这些内容一般包括项目概况、市场分析、招商要求等。

接下来比较关键的一个步骤是，招商人员要对这些内容进行概括、提炼，并锁定读者对象。通俗地说，招商人员要对提炼出的要点进行思考，分析招商的目的是什么，什么样的企业会对招商内容感兴趣，什么样的企业符合招商要求。得出答案后，招商人员便可以明确招商目的、锁定招商对象。

明确招商目的、锁定招商对象后，招商人员便可以围绕招商目的、招商对象、具体的招商项目等有针对性地收集资料和信息，然后根据金字塔原理搭建金字塔结构并自上而下地表达，如图7-5所示。

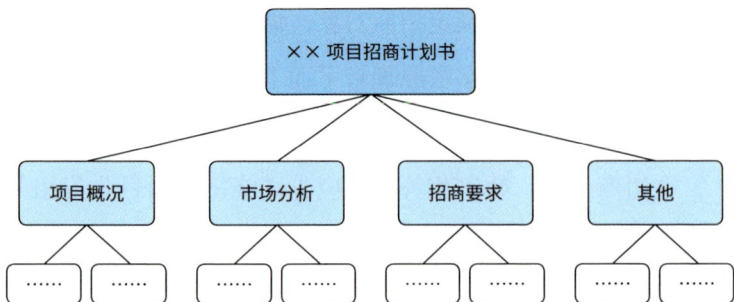

图 7-5 招商计划书的金字塔结构

总体来说，如果政府招商没有明确招商对象，那么就要先利用金字塔原理自下而上地思考，明确招商目的、精准锁定招商对象；如果政府在招商前已经明确了招商目的和招商对象，那么就要根据招商目的和招商对象的需求有针对地设计招商计划书。这样才能做到真正意义上的有的放矢，帮助政府招商人员实现精准招商。

5. 如何做好政府招商会上的项目推介

政府经常会举办招商会，参加招商会的企业通常需要在会议上进行演示并演讲，对项目进行推介，以便让政府相关人员了解项目的具体内容、优势等，争取获得中标的机会。从某种程度上说，项目推介演示和演讲的效果往往决定了项目推介能否成功。所以，作为参加政府招商会的企业来说，为了成功推介项目就要设计高质量的项目推介演示，并展开一场完美的演讲。这两件事都可以运用金字塔原理来实现。

（1）设计项目推介的演示

企业在政府招商会上的项目推介的对象很显然是政府人员。演示者应站在政府人员的角度思考，了解他们想通过项目推介的演示了解哪些信息。对政府人员而言，他们想通过项目招商路演的演示了解的信息有：企业介绍、项目介绍、市场分析、发展计划、前景展望等。

明确了政府人员想了解的内容后，演示者便可以收集相关资料，对资料进行归类分组、提炼要点，并按照一定的逻辑顺序组织要点，搭建金字塔结构，如图7-6所示。

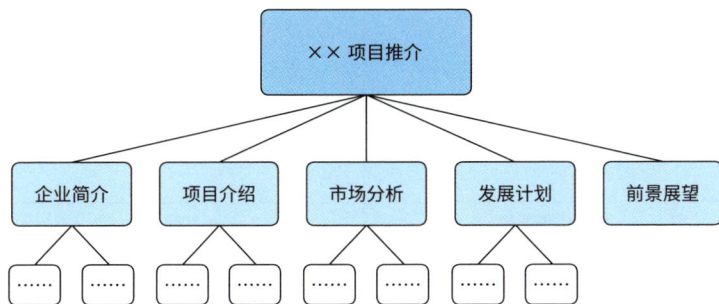

图 7-6　项目推介演示的金字塔结构

搭建好金字塔结构后，演示者便可以按照金字塔结构自上而下地进行演示了，如图7-7所示。

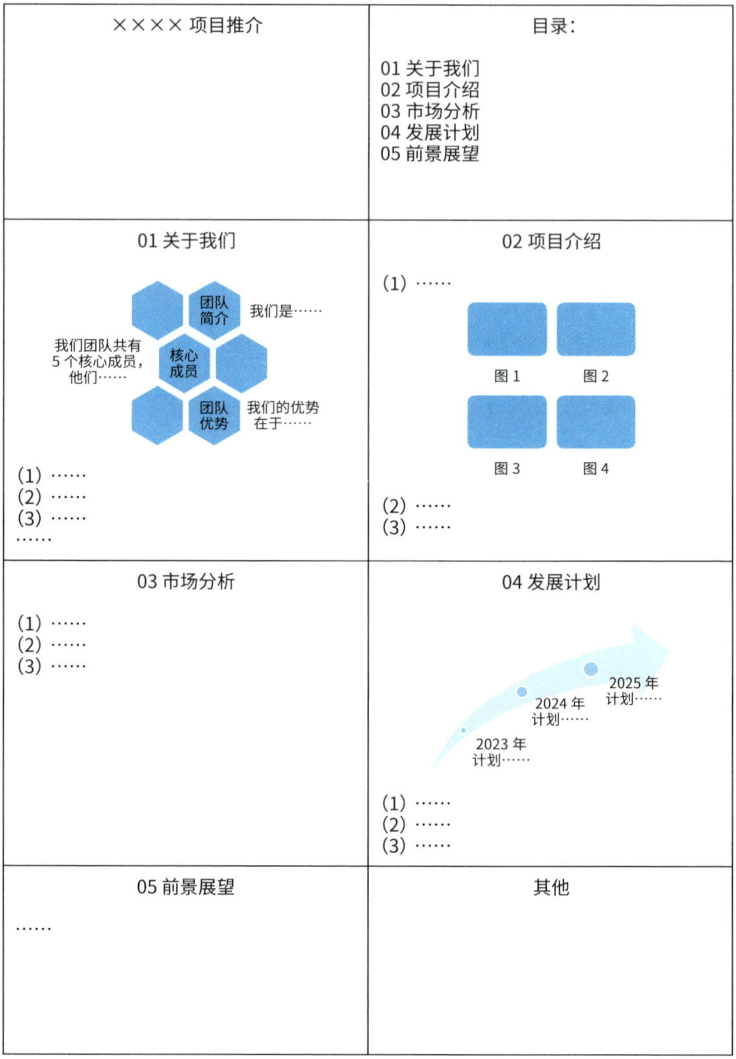

图 7-7　政府招商会上的项目推介的演示

　　演示者在设计项目招商的演示内容时，除了要搭建完善的结构，还要根据项目的性质、侧重点填充内容，确保可以突出项目的特色，吸引政府人员，促进招商成功。

（2）撰写项目推介演讲稿，展开演讲

在政府招商会上进行项目推介，要想获得成功，主要看演讲者的演讲能力。如何运用金字塔原理在招商推介会上开展一场高效的演讲，来促进项目推介成功呢？

演讲稿的框架与演示的框架非常相近，所以演讲者在撰写演讲稿时不用再搭建结构框架，只需将详细的内容填入项目推介演示的框架中进行优化，让内容更加充实、全面就可以了。然后，演讲者便可以按照金字塔结构自上而下地进行演讲了。

金字塔原理在演讲中的运用在第4章进行了详细且全面的介绍，演讲者可以参考第4章的相关内容，设计出一场完美的项目推介演讲。

政府招商会议的要求比较严格，所以项目推介人员要想获得成功，不仅要设计出高质量的演示，开展完美的演讲，还应严格遵循招商会议的相关要求，体现推介人员的专业性、严谨性。

总体来说，要想做好政府招商会上的项目推介，就要按照相关要求行事，并通过演示、演讲等将项目的优势和价值介绍给政府人员，吸引他们的注意力，促进项目推介成功。